J'ai passé l'âge !

Agnès Molinier

J'ai passé l'âge !

FIRST
ÉDITIONS

À Flora et Paulette,

Les femmes de ma vie.

« Un jour viendra on fera vieux os
Des bégonias sur le balcon
Un petit air de calypso
Photo sépia dans le salon.
Malgré la vie, le temps passé
Malgré la jeunesse fatiguée
Personne ne pourra empêcher nos corps usés
De chalouper
Chalouper
Chalouper »

Gaël Faye

PROLOGUE

« J'ai passé l'âge ! »

À quel moment ai-je commencé à me répéter cette phrase intérieurement ? Était-ce quand j'ai remarqué que ma taille s'alourdissait au moment de fermer le bouton d'un jean ? Ou quand j'ai eu le sentiment d'être entourée d'adolescents dans un bar dans lequel mes collègues m'avaient entraînée ? Ou encore quand il a fallu se servir d'un nouveau logiciel au bureau et que les deux jours de formation pour en apprendre le b.a.-ba du maniement n'ont pas du tout suffi à me rendre autonome ? Ce qui est sûr, c'est que j'ai commencé à me répéter cette phrase à chaque fois que je me sentais décalée, que j'avais le sentiment que quelque chose en moi avait changé au point de me faire penser que *ce n'était plus pour moi.*

J'ai passé l'âge des shorts courts. *J'ai passé l'âge* d'aller en boîte de nuit. *J'ai passé l'âge* de manger n'importe quoi à n'importe quelle heure. *J'ai passé l'âge…* Bref, je ne m'en suis pas rendu compte tout de suite parce que j'ai la chance de ne pas avoir trop d'inhibitions et que je m'interdis peu de choses. Et heureusement ! C'est grâce à cette liberté que, au bout d'un moment, je me suis rendu compte qu'au nom du vieillissement je me posais des interdits pour des actes que je m'autorisais auparavant. Pire, j'avais le sentiment que si je me les permettais, je ressentirais de la honte. Honte de ma chair qui se fripait. Honte de mes cheveux qui blanchissaient. Honte de mon incapacité à intégrer aussi vite qu'avant les innovations technologiques. Honte de ne pas comprendre une conversation entre jeunes confrères. Honte d'être reprise sur une expression...

Le *j'ai passé l'âge* devenait un frein, une injonction qui m'imposait trop de limites. Et pourtant, ce *j'ai passé l'âge* m'accompagnait toujours. Et j'ai fini par me rendre compte que, parfois, il pouvait aussi me « protéger ». Il pouvait aussi me permettre de faire quelque chose que je n'aurais pas osé faire quand j'étais plus jeune.

Le *j'ai passé l'âge* pouvait devenir libérateur et me faisait prendre conscience que je n'avais pas à subir certaines situations dans lesquelles je me trouvais. Comme de ne plus me soucier de ce qu'on allait penser de ma manière de m'habiller ou de ne « pas » m'habiller. Comme me justifier de ne plus vouloir me faire teindre les cheveux. Mais surtout de ne plus avoir à subir dans ma vie professionnelle, les sautes d'humeur d'un collègue, les mauvais traitements d'un supérieur hiérarchique.

Cette phrase est devenue, finalement, un mantra libérateur après avoir été un frein démobilisateur. *J'ai passé l'âge* de faire ce que je n'ai pas envie de faire !

Et c'est en prenant conscience de ce paradoxe, que l'âge, bien que stigmatisant, pouvait aussi émanciper, que j'ai eu envie de raconter ce que je ressentais. Sur les conseils de ma fille qui pensait que cette histoire de « femme qui vieillit » pouvait aussi en intéresser de plus jeunes, je me suis lancée dans un podcast : *Vieilles !*[1]. Il raconte, en six épisodes, les différentes étapes de ma prise de conscience. Une prise de conscience qui a aussi inspiré ce livre.

L'histoire que je vais raconter commence par ce moment délicat où l'on commence à se sentir vieillir. Et il n'y a pas d'âge pour ça. Juste des circonstances. Un basculement professionnel, une maladie, une rupture, un événement de la vie qu'on va vivre avec moins de légèreté. Plus de douleur et d'abattement.

Pour moi ce fut au travail. Alors que j'occupais un poste prestigieux où j'étais très heureuse, j'ai été remerciée sans ménagement et tout s'est effondré. Je n'ai plus eu envie de continuer. Même si jamais mon âge n'a été abordé, je me suis sentie finie. Vieille. Rien à faire, je sentais que je n'avais plus ma place. Tout cela a conduit à mon départ et j'ai quitté une entreprise dans laquelle j'ai travaillé près de quarante ans en faisant un job qui me passionnait et qui m'avait apporté bien plus de bonheur que de déconvenues !

Désormais, il allait me falloir apprendre à vivre autrement, sans emploi et avec mon âge : plus de soixante ans. Alors j'ai réagi en journaliste. J'ai voulu comprendre comment je pouvais y arriver. Pour ça je me suis demandé qui étaient ces « gens » qui avaient franchi le pas, qui étaient passés de l'état d'adultes à ce qu'on appelle pudiquement les « seniors », les « retraités » ou pire, les « vieux » ? Comment se passait cette reconversion ? Est-il

1. Produit par le média en ligne Slate.fr

possible de s'y préparer ? Est-il possible d'y échapper ? Mais est-ce si terrible ?

C'est cette « reconversion » vers un « nouvel âge » que ce livre se propose de vous raconter. Un « nouvel âge » dont j'ai découvert le côté sombre pour les femmes : le regard sans pitié de la société quand elles vieillissent et le poids des injustices de revenus qui n'ont fait que s'accumuler. Mais dont j'ai découvert aussi la lumière lorsque j'ai compris que pour beaucoup d'entre elles c'est l'occasion de prendre à bras le corps ce basculement vers la vieillesse comme une « nouvelle vie » qui s'offre à elles.

Je vais souvent employer le mot « vieille » dans cet ouvrage. C'est sciemment, parce que je veux montrer, au-delà de l'aspect provocateur, bien sûr, que le fait d'assumer de prendre de l'âge et de le revendiquer, réactive l'effet repoussoir. Cela permet ainsi de le nommer, de pouvoir en débattre et, me concernant, de mieux le combattre. Alors, pardonnez-moi cette petite indélicatesse, mais après tout pourquoi n'y aurait-il pas autant de fierté à être « vieux » que « jeune » ?

Mon but est parfois avec provocation, parfois aussi j'espère, avec humour, mais toujours avec curiosité, de trouver le moyen de bien vivre mon âge.

De profiter du temps qui me reste pour vivre une intense histoire d'amour avec moi-même. D'en faire une quête de liberté et de plaisir. Et cette quête j'ai décidé de la partager.

D'en faire un combat pour l'avenir, parce qu'assumer d'être « vieille » et le revendiquer c'est assumer et revendiquer jusqu'au bout d'être une femme à tous les âges de la vie…

À l'avenir, pour les femmes, le vieillissement est un nouveau défi.

Le dernier défi féministe à relever.

1

ÊTRE OU NE PAS ÊTRE... VIEILLE

Pourquoi parler de la vieillesse ? Est-ce que, moi-même, je me sens « vieille » ? Le suis-je seulement ? En réalité, ces questions se sont doucement imposées à moi sans que je m'en rende compte. En ce qui me concerne, l'élément déclencheur a été professionnel. Il est évident que le traitement que j'ai subi lorsque j'abordais la soixantaine a été déterminant pour me faire me sentir « vieille ». Pas sur le coup. Mais plus tard.

Quand mon directeur m'a annoncé, un jour de novembre 2020 : « c'est quand tout va bien qu'il faut changer », je n'ai pas moufté. Alors que je venais d'être relevée du poste de rédactrice en chef du journal de 20 heures, que j'occupais depuis trois ans auprès d'Anne-Sophie Lapix, je revenais, sonnée, à mon bureau. J'ai pourtant continué mon travail, comme si de rien n'était, comme si cet entretien qui me donnait jusqu'à Noël pour faire mes valises ne s'était pas passé.

Les semaines qui ont suivi ont été difficiles. Je ne cessais de chercher une raison à ma disgrâce et m'en ouvrais à quelques proches, sans vraiment prendre conscience de ce qui était en train de monter en moi. Puis, j'ai laissé ma place à ma remplaçante jusqu'alors mon adjointe pendant deux ans. Nous avons même fêté mon départ.

Une véritable fête entre collègues, mais qui, pour moi, prenait des airs de cérémonie d'adieux.

Ce poste est un de ceux que j'ai préféré occuper. Rédactrice en chef du 20 heures, c'est le graal dans le milieu télévisuel. Un poste qui requiert une connaissance de l'actualité, une bonne maîtrise du fonctionnement de la rédaction et une grande maîtrise de soi-même dans les moments de stress intense. Cela représentait à mes yeux l'accomplissement de toute une carrière, de reporter en région à chef de service d'une rédaction nationale, j'avais expérimenté tous les postes et côtoyé la plupart des personnes œuvrant à la mise à l'antenne du journal télévisé. Le sentiment de fierté que j'avais à être là venait de se fracasser sur l'incompréhension que j'éprouvais quant aux motifs de mon éviction.

J'ai finalement été affectée à une fonction que j'avais occupée précédemment sans qu'il soit tenu compte du travail que j'avais accompli à la tête du journal, notamment pendant l'épidémie de Covid-19, ni des postes pour lesquels j'avais montré de l'intérêt. Mais cela, évidemment, j'étais la seule à m'en rendre compte. J'ai pourtant continué comme il se doit, tel un bon petit soldat, avant de trouver un poste plus intéressant auprès d'Élise Lucet. Nous nous connaissons depuis les années 1990, et avons vécu ensemble les débuts du 19/20 sur France 3 avant que je devienne sa rédactrice en chef alors qu'elle présentait le journal de 13 heures sur France 2. Elle m'a proposé de devenir rédactrice en chef de l'émission *Envoyé Spécial* sur France 2, qu'elle présente et pour laquelle j'avais été reporter plus de vingt ans auparavant. Un moment de répit pour moi qui ne trouvais plus ma place. Mais dans ma tête, le mal était fait.

L'incompréhension s'est transformée en colère et pire, en doute. J'avais perdu toute confiance en moi et toute envie de me battre. Si mon âge n'a jamais été abordé durant les nouvelles fonctions, l'épisode précédent avait ébranlé ma stabilité et mes cinquante-huit ans résonnaient en moi comme un handicap qui me freinait.

Pour la première fois de ma carrière j'ai eu le sentiment d'être mise de côté, n'ayant pas su rebondir au moment où il le fallait et ayant alors perdu la flamme qui m'avait animée jusqu'alors. Journaliste depuis plus de trente cinq ans, je sentais tout enthousiasme m'abandonner et tout désir de participer à la grande machinerie de l'information me faire défaut. Pire, je me sentais soumise au jugement des autres, comme une débutante. Confrontée à des jeunes journalistes qui ne me connaissaient pas, je me sentais dans l'obligation de justifier ma position, mes points de vue et mes remarques. Tous les questionnements et les doutes qui ont pu me hanter jusqu'alors refaisaient surface… *Je n'ai pas été à la hauteur. Je n'aurais pas dû essayer de m'élever à des postes trop exposés. Ce n'était pas pour moi…*

Ce sentiment me renvoyait à un état d'infériorité, ce que certains appellent « le syndrome de l'imposteur » que j'avais bien connu, comme beaucoup de femmes je pense, au début de ma carrière, mais qui avait fini par me quitter avec l'âge et l'expérience. Cela devenait pour moi trop difficile. Je n'avais plus envie de faire face. J'avais passé l'âge !

Vieille au travail

Mais comment en étais-je arrivée là ? Quand je suis sortie du bureau dans lequel le directeur m'avait annoncé mon « remplacement », je me suis sentie bien plus blessée que lors de n'importe quelle autre déconvenue. Jamais auparavant je n'avais ressenti cette difficulté de passer à autre chose. Je ressassais. Je n'osais pas trop en parler autour de moi, car même si le mode de management dans l'audiovisuel est, certes, souvent brutal, je n'avais perdu ni mon emploi ni mon salaire et, contrairement à beaucoup de salariés, j'exerçais un métier que j'avais choisi. Je savais que d'autres étaient plus à plaindre que moi. Mais cette impossibilité de partager mon expérience ajoutait à ma frustration et cette frustration s'est vite transformée en aigreur. Et c'est en me voyant devenir de plus en plus susceptible et colérique que j'ai compris : l'âge me fragilisait. Je me sentais moins sûre de moi.

Cette expérience de se sentir vieille au travail, Charlotte Montpezat, aujourd'hui psychanaliste et coach, l'a vécue encore plus jeune que moi. Elle le raconte dans son livre *Les flamboyantes*[2]. Alors qu'elle occupe un poste de cadre dans une grande entreprise audiovisuelle, le matin de ses quarante-cinq ans, un courrier l'attend sur son bureau. Il lui signifie qu'elle est désormais « senior » dans l'entreprise. Pour elle ce mot « senior » est un électrochoc. Quand je lui demande pourquoi ce simple courrier a changé sa vie, elle me confie :

2. *Les Flamboyantes*, Équateurs, 2023.

« *En fait, ça m'a coupé les pattes et je me suis demandé ça veut dire quoi senior en entreprise ? Dans l'esprit du ministère du Travail et de l'entreprise, c'était censé nous protéger. En fait, je me sentais stigmatisée : le mot me gênait. Je l'avais mal pris parce que j'avais compris que l'âge n'était pas bienvenu dans l'entreprise. Le mot "senior" était un marquage ! Puisque, à partir de 45 ans, dans les entreprises qui ont signé un accord "senior" avec le ministère du Travail, vous êtes considéré comme senior, c'est-à-dire que vous rentrez dans une autre catégorie. Tout d'un coup je me sentais renvoyée à un grand âge. À une "séniorité" qui fleurait bon l'Ehpad finalement!"*».

Charlotte Montpezat a tiré de cette expérience un livre vivifiant qui part des récits de femmes actives, victimes d'un traitement stigmatisant à cause de leur âge pour arriver à un plaidoyer sur la génération qui est la sienne et qui, après avoir subi des discriminations de genre tout au long de sa vie, découvre les discriminations liées à l'âge.

Elle raconte notamment comment, dix ans après avoir reçu ce courrier lui collant l'étiquette de « senior », et alors qu'elle vient de quitter l'entreprise, elle décide de retrouver la directrice des ressources humaines qui le lui avait envoyé. Celle-ci confirme :

« *Vous avez été nombreuses à être heurtées. Et je dis bien nombreuses. Ce courrier avait été adressé aux femmes comme aux hommes mais seules les femmes l'ont mal pris… À la suite de ce courrier nous avions mis en place des entretiens personnalisés… eh bien chaque femme, je dis bien chacune d'entre elles, a commencé par me préciser qu'elle n'avait pas encore 50 ans, et que cet entretien les angoissait. Qu'elle se sentait stigmatisée. Et beaucoup d'entre elles enchaînaient même sur la question de leur apparence physique... En revanche, aucun des hommes n'a fait référence à son physique. Ça n'était pas une question pour eux et je pense que si j'avais fait une allusion à leur physique, ils m'auraient prise pour une folle. L'entretien de carrière n'était qu'un jalon comme un autre dans leur parcours professionnel*[3]. »

Il ressort de ce récit que, quand arrive la cinquantaine, les femmes se trouvent fragilisées. Elles se sentent moins à l'aise que les hommes pour envisager la suite de leur vie professionnelle. N'était-ce pas d'ailleurs ce même sentiment qui m'avait fait me sentir vieille à la fin de ma carrière ?

Plus que les hommes nous, les femmes, nous voyons épiées, dévalorisées, renvoyées à notre âge en permanence sûrement parce que, nous avons déjà vécu des différences de traitement du fait de notre sexe. Et le monde du travail est propice à ce sentiment de « disqualification ». Car en arrivant à un certain âge, nous atteignons aussi un certain niveau de poste, des postes à responsabilité et ces places-là sont chères, très disputées déjà par les hommes. Si cette concurrence fait rage tout au long d'une carrière, nous avons moins l'envie d'y participer à cause du poids des années.

3. Extrait *Les flamboyantes*, Équateurs, 2023.

Fabienne Le Houérou, anthropologue, chercheuse au CNRS, fraîchement retraitée, témoigne de cette « fragilité » de fin de carrière :

« *La fin de carrière pour moi, elle a été douloureuse et difficile. Je vais passer du début à la fin parce que je trouve que ça fait sens de faire un plan séquence et de voir comment j'entre et comment je sors de la même carrière. Et j'y ai pensé à mon pot de départ ! Le jour de ce pot de départ l'image que j'ai eue c'est celle d'une jeune chercheuse en 1996, qui, le mois de son entrée au CNRS se faisait agresser sexuellement par un vieux chercheur… c'était quelqu'un qui était déjà beaucoup plus âgé que moi, qui est à la retraite depuis longtemps, donc pas de nom, ni rien du tout… J'avais trente ans, je savais me défendre, j'étais sportive, je lui ai mis une grosse claque… Et ça en est resté là. Je n'ai même pas pensé à porter plainte ni rien… Et puis, à la fin de carrière aussi, on subit un autre type de harcèlement, mais pas un harcèlement de jeunes, un harcèlement qu'on a pour les vieilles ! C'est-à-dire : quand est-ce que tu t'en vas ? Quand est-ce qu'on pourra utiliser ton bureau ? Tu t'en vas quand ? Et donc, j'ai réfléchi à tout ça et je me suis dit : quand est-ce que tu as été harcelée ? Et pourquoi ? Et en fait, je me suis dit, j'ai été harcelée chaque fois que j'ai fait quelque chose de bien, chaque fois que j'ai eu un prix, chaque fois que j'ai eu une récompense dans un festival, ou une récompense littéraire. Après chaque récompense, il y a eu harcèlement.* »

Pour Juliette Rennes, rien d'étonnant. Cette sociologue, spécialiste du genre et de l'âge, directrice d'études à l'École des hautes études en sciences sociales, a notamment étudié l'accès des femmes aux métiers de prestige[4]. Elle explique que c'est la présence des femmes, le problème :

« *Dans la longue histoire de l'accès des femmes à l'université, aux diplômes et aux métiers diplômés, la question de la concurrence a été cruciale. C'est la même chose pour les étrangers. On peut très bien comparer des travaux sur la façon dont le barreau s'est protégé de la concurrence des étrangers et de celle des femmes entre les années 1900 et 1930. Les arguments sont très comparables. Les féministes des années 1900 étaient tout à fait lucides sur le fait que l'enjeu était l'accès à des privilèges et donc ces féministes disaient à leurs adversaires, pourquoi vous ne cessez d'invoquer la faiblesse et la fragilité des femmes et le fait qu'elles sont mères et qu'elles vont délaisser leurs enfants lorsqu'il s'agit de devenir médecin ou avocate et pourquoi vous êtes tout à fait indifférents aux ouvrières, aux marchandes ambulantes de fruits et légumes et aux porteuses de pain qui font des métiers de force de 4 heures du matin à 8 heures du soir et qui laissent tout autant leurs enfants. Il y a eu toujours des entourloupes, on pourrait dire des façons détournées d'une partie des hommes en place pour défendre la fermeture de ces métiers diplômés ou prestigieux sans pouvoir énoncer de façon frontale la peur de la concurrence parce que ce ne sont pas des arguments dicibles, donc en invoquant, la nature. Mais c'est vrai que ça ce sont aussi des arguments qui sont de moins en moins dicibles parce qu'il y a une norme égalitaire, une*

4. *Le mérite et la nature. Une controverse républicaine : l'accès des femmes aux professions de prestige 1880-1940*, Juliette Rennes, 2007, Fayard.

législation, donc cette hostilité, cette concurrence se manifeste par des actes, par des jugements d'âge notamment sur les femmes de leur propre génération qui n'auraient plus leur place alors qu'eux l'auraient encore. »

C'est donc en fait une double peine : nous sommes victimes du sexisme pendant notre carrière, puis de l'âgisme quand nous pourrions prétendre à la tranquillité acquise par l'expérience et jouir du travail bien accompli !

Vieille sans travail

Le monde professionnel n'est pas le seul à faire se révéler l'âgisme au féminin. Même sans emploi, les femmes dépassant la cinquantaine se voient renvoyées à leur âge, comprenant bien qu'il est un handicap sur le marché. Selon l'INSEE, en 2021, 28 % des Français de soixante et un ans n'étaient ni en emploi ni en retraite, donc au chômage, au RSA ou encore aucun des deux, et la majorité d'entre eux se trouvaient être... des femmes !

Une association, Force Femmes, leur est même consacrée, œuvrant en collaboration avec France Travail et s'adressant aux demandeuses d'emploi de plus de 45 ans. Quand je me suis retrouvée au chômage, en 2023, je me suis rendue à une de ces réunions destinées à nous aider à retrouver un emploi ou créer une entreprise. La création est très souvent conseillée, car, c'est un fait, en tant que femmes « d'un certain âge », nous ne sommes pas les plus en vogue auprès des DRH ou des cabinets de recrutement ! Il est temps alors de nous motiver, de trouver en nous des débuts de vocation de patronne ou de reine du marketing alors que, bien souvent, c'est parce que nous n'étions pas particulièrement taillées pour l'aventure capitaliste, si modeste soit-elle, que nous avons effectué un parcours de salariée.

Bref, me voilà donc à une réunion de Force Femmes, entourée de pimpantes cinquantenaires, voire sexagénaires, pleinement comblées de projets en lien avec une vie professionnelle déjà bien remplie, pour la plupart. Toutes occupaient, avant de se retrouver inscrites à France Travail (Pôle emploi à l'époque), des jobs valorisants et du niveau de l'encadrement dans des métiers artistiques, au sein de grosses entreprises. L'une d'entre elles, Chrystelle, occupait le poste de responsable de communication au sein d'un grand groupe publicitaire quand elle a fait un burn-out. Les chiffres parlent d'eux -mêmes : selon le bulletin épidémiologique du 5 mars 2024 publié par Santé publique France, elles sont deux fois plus touchées que les hommes par cette souffrance psychique, avec notamment davantage de troubles anxieux et dépressifs. Pour cette dernière, l'épisode aura duré plusieurs mois avant de lui faire finalement quitter son emploi. Si elle assiste à cette réunion, c'est parce qu'elle veut créer sa propre entreprise de communication, mais elle a beaucoup de mal à se remettre de ce dont elle parle encore avec colère :

« *J'ai quand même entendu un de mes supérieurs me dire, alors que j'étais dans son bureau en plein désarroi lié à mon mal être dans l'entreprise, je cite : "À la chasse on abat d'abord les vieilles femelles !* »...

Safi, elle a passé trente ans dans la mode et la musique. Elle souhaite aussi se lancer dans la communication considérant comme de nombreuses femmes que son âge sera un atout et qu'elle pourra compter sur les contacts et le réseau tissé pendant sa longue expérience. Mais au-delà de ce point de vue, elle reconnaît ne pas avoir d'autres choix : « *Je vois bien que je ne retrouverai pas de poste. Je ne sais plus quoi faire comme métier.* »

Qu'elles aient quitté le salariat de manière volontaire ou pas, toutes ont le sentiment d'avoir été en décalage dans leur milieu professionnel à partir du moment où elles ont pris de l'âge.

Laeticia était architecte pour une grande entreprise française du luxe. Aujourd'hui, elle aspire à créer sa propre activité de céramiste.

« J'avais l'impression qu'on ne faisait plus appel à ma créativité parce que j'étais vue comme "has been". Je sentais qu'on me voyait comme une casse-pieds, qui trouvait toujours à redire à des méthodes qui me semblaient de plus en plus technologisées. Je ne me sentais plus prise en considération, je ne me sentais plus utile. »

Alors elle a décidé de s'écouter et de se lancer, en pratiquant pour son propre compte une passion, la céramique. Force Femmes va toutes les accompagner pendant deux ans le temps que leur entreprise tienne bien sur les rails.

Ce jour-là, j'ai vraiment ressenti une solidarité avec toutes ces femmes. Moi aussi j'ai eu le sentiment, en quittant le monde de l'entreprise, de retrouver la liberté : la liberté de réfléchir à ce que je veux vraiment, la liberté de m'exprimer sans crainte de déplaire ou de devoir me battre pour imposer mon point de vue. La liberté de me lancer dans un projet qui me ressemble, tout simplement.

Leslie Izoret, l'avocate qui m'a accompagnée lors de mon départ de l'entreprise qui m'employaitt, confirme ce ras-le-bol féminin de fin de carrière. Cela fait dix ans qu'elle accompagne des salariés dans le cadre d'un licenciement ou d'une rupture conventionnelle :

« *J'ai, moi, accompagné plus de femmes effectivement. Donc, oui, j'ai l'impression que les femmes partent plus tôt. Alors, par envie, mais aussi à mon avis parce qu'elles sont poussées aussi un peu plus tôt vers la sortie, et aussi parce que peut-être elles ressentent un peu trop d'épuisement et de lassitude des situations qui ont pu se présenter. Et moi je pense que c'est spécifique aux femmes... c'est vraiment ce que je ressens : cette envie chez les femmes de profiter d'une nouvelle vie et aussi d'une vraie liberté, qu'elles n'ont pas eue finalement, au cours de leur vie professionnelle. Parce que la vie professionnelle c'est un lien de subordination, pour les hommes aussi, mais je pense que chez les femmes en particulier il y a peut-être encore moins de liberté et alors il y a cette vraie envie de liberté. Donc je le ressens quand même comme quelque chose de positif.* »

C'est finalement un bien pour un mal de quitter son job. C'est aussi ce qu'il m'est arrivé. En réalité, cette ultime déconvenue professionnelle a été pour moi comme une prise de conscience : j'en avais, en fait, plein les bottes ! Ce métier, que je faisais pourtant depuis 1983, ne m'apportait plus les mêmes satisfactions. Et finalement, depuis que j'ai quitté le monde de l'entreprise, cette envie est revenue ! Paradoxalement, alors que je me suis inscrite à France Travail, je me suis sentie libre et pleine de projets ! Je n'aurais jamais pensé, il y a encore quatre ou cinq ans, que je pourrais me détacher aussi vite de cette activité professionnelle aussi dense et qui m'a apporté pendant près de quarante ans autant de plaisir. En fait c'est paradoxal. Après avoir vécu un sentiment de déclin, de vieillissement et d'invisibilisation, je ressens aujourd'hui une impression de libération et d'accomplissement. Je serais donc comme ces femmes dont parle mon avocate : libérée ?

Ce qui est sûr c'est que j'ai retrouvé confiance en moi. La réalisation de mon podcast m'a permis de me réassurer sur moi-même et de comprendre que je n'en avais pas fini avec mon rôle social. Je me sens emplie d'idées et de projets, trouvant dans chaque nouvelle rencontre une source d'inspiration.

Accepter d'être « vieille »

« Nous prenons de l'âge,
nous pouvons nous permettre de vivre. »
Mme Hugues dit à M. Carson, *Downton Abbey*.

Trouver du positif dans le fait de vieillir. Voilà finalement ce qui m'arrive. Et aujourd'hui je me rends compte que c'est un défi que je me suis lancé il y a déjà vingt ans, alors qu'on me diagnostiquait un cancer du sein. Quand j'ai traversé cette maladie, bien évidemment, je ne pensais pas du tout que cette dernière m'aiderait à vieillir, mais qu'au contraire, elle m'en empêcherait. Aujourd'hui, alors que j'ai eu la chance d'en guérir, je comprends mieux en quoi cette épreuve m'y a même préparée.

D'abord parce que les conséquences de cette maladie sur mon corps ont été telles qu'elles m'ont fait l'effet d'une vieillesse accélérée. Chauve pendant plusieurs mois, amputée du sein gauche, j'ai dû, à quarante-trois ans, revoir le rapport que j'entretenais avec la féminité. Il m'a fallu un peu de temps pour comprendre que je resterai toujours la même, sans mon sein, mais avec des cheveux qui ont repoussé totalement blancs, une prothèse mammaire et des cicatrices qui ne disparaîtront pas.

J'ai dû aussi réapprendre à faire du sport, me remuscler, en finir avec une fatigue que je pensais chronique. Sans être une « bombe », j'avais quand même vécu jusque-là avec l'idée que le physique et le paraître étaient des atouts. Mais après la maladie, j'ai été obligée de composer avec une certaine fragilité. Et ça, c'est comme la vieillesse. Elle nous oblige à prendre conscience de notre vulnérabilité. La seule bonne nouvelle dans tout ça est que les traitements avaient accéléré ma ménopause. Je l'ai donc vécue comme une suite mineure de ma maladie. Les bouffées de chaleur et les suées nocturnes étaient finalement peu de choses en regard de ce que je venais de traverser avec les traitements et notamment, la chimiothérapie !

Le deuil est également une épreuve qui fait vieillir. Mon amie Catherine a perdu son mari en 2011. Ce colosse s'est effondré à quarante-cinq ans, après trois années de lutte acharnée contre une tumeur au cerveau. Infirmière, elle l'a accompagné jusqu'au bout, avec une présence et un courage qui forcent le respect. Mais le deuil l'a anéantie :

« *Cela fait treize ans, je ne pleure plus. J'ai beaucoup, beaucoup pleuré et maintenant je ne pleure plus. Quand tu as rencontré ton prince charmant tu sais que tu n'en rencontreras plus. Tu ne peux qu'essayer de bien vivre sans lui. J'avais l'instinct de vie qui baissait, qui baissait, comme une pente quoi. Et quand tes enfants grandissent tu te dis en plus, ils ne vont plus avoir besoin de moi et moi je ne vois plus d'intérêt. "J'ai eu l'impression de prendre des années dans la gueule". " J'ai pensé que je n'allais pas supporter, que j'allais mourir, que moi aussi j'allais avoir un cancer.* »

Marie-Hélène, elle, a fait deux ans et demi de psychothérapie après la mort de son conjoint d'une maladie cardiaque à cinquante-quatre ans. C'était il y a neuf ans. Si Catherine et elle ne se connaissent pas, leur récit est assez semblable : s'il leur a fallu du temps pour s'imaginer rencontrer et repartager quelque chose avec quelqu'un, cela leur était néanmoins nécessaire pour se sentir à nouveau vivantes. La perte de leur conjoint et le chagrin qui en a découlé les ont projetées dans un monde où la solitude, surtout pour les femmes, renvoie à une forme de péremption.

Ces dernières se sentaient comme ces vieilles protagonistes de la littérature, du cinéma, incarnées dans l'inconscient collectif : le deuil renvoie à l'image de la « vieille dame ». Une image qu'elles ont réussi à éloigner toutes les deux : l'une, en continuant de travailler et en fréquentant une nouvelle personne, l'autre, retraitée, en œuvrant bénévolement et en s'inscrivant sur un site de rencontres. Malgré leurs différences, je perçois en elles la même ardeur à retrouver une raison de vivre, comme si, d'avoir vu mourir la personne qu'elles aimaient leur montrait que vieillir, finalement, était peut-être une chance. D'une certaine manière, je pense même qu'elles réussissent à « mieux vivre ».

Autre que le deuil, l'accompagnement d'un parent malade ou avancé dans l'âge, bien que compliqué, peut aider à aborder son propre vieillissement. Isabelle, retraitée depuis trois ans, doit aujourd'hui s'occuper de sa vieille mère, atteinte de la maladie d'Alzheimer. Alors qu'elle a choisi de s'arrêter de travailler en profitant d'un plan de départs volontaires, comptant profiter pleinement de sa liberté, Isabelle a dû faire face à la perte d'autonomie de sa mère. Marie de Hennezel, psychologue et auteure de nombreux ouvrages sur le vieillissement, connaît bien cette question des retraités aidants. Ils seraient aujourd'hui, tout comme Isabelle, un peu plus d'un million en France, soit la moitié des personnes qui s'occupent d'un proche dépendant. Elle en rencontre beaucoup lors des séminaires qu'elle anime :

« *Ils ont besoin d'être aidés justement, d'être soutenus, d'être valorisés dans ce qu'ils font parce que ça repose souvent sur une seule personne . C'est une expérience souvent solitaire mais une expérience humaine qui est quand même très profonde. Beaucoup de personnes dans mes séminaires ont accompagné une mère, un père dans une maladie, et on parle et c'est une expérience qui les a fait changer, qui les a fait évoluer.* »

La première réaction d'Isabelle a été de se dire qu'elle aurait préféré continuer de travailler tant l'épreuve lui paraissait insurmontable. Elle a assisté à un groupe de parole dans lequel la honte de ressentir quelque chose de négatif pour la personne qu'on aime a pu s'exprimer :

« *Finalement tu te rends compte qu'on le ressent tous à des degrés divers. Par exemple, il y avait une femme de l'âge de ma mère, hyper chic, elle s'occupe de son mari, mais elle ne peut plus le souffrir et elle me disait, j'en peux plus ! Et finalement tous les gens qui étaient là c'est un peu pareil* ».

Aujourd'hui, Isabelle s'est apaisée. Elle ne ressent plus de colère contre la déchéance de sa mère, au contraire. Sa fragilité l'attendrit. J'ai vraiment vu lors des derniers mois son vocabulaire changer. Elle exprime souvent son émotion de voir sa maman aussi perdue, aussi diminuée. Elle redoute le moment où elle ne la reconnaîtra plus, alors elle provoque le plus souvent possible des occasions de partager des moments tendres avec elle. Elle revient parfois de l'Ehpad, très bouleversée. Parce qu'accompagner quelqu'un qui approche de la mort, c'est aussi se projeter vers sa propre fin de vie. C'est très violent, mais si l'on sait justement observer et prendre du recul, on peut y acquérir une certaine acceptation. Car, de toute façon, en vieillissant, l'idée de la mort est de plus en plus présente.

En ce qui me concerne, j'ai vécu la même chose avec ma mère, atteinte de la même sale maladie que la mère d'Isabelle. J'avais quarante ans quand elle a été diagnostiquée, elle, quatre-vingts ans. Sa maladie a duré huit ans. À l'époque, mon père était valide et en pleine possession de ses moyens et heureusement, car c'est à ce moment-là que j'ai eu mon cancer du sein. Je le leur ai d'abord caché, pour ne pas leur ajouter une charge supplémentaire, puis, finalement, j'ai mis mon père dans la confidence, ce qui m'a beaucoup aidée. Nous avons eu la chance aussi de croiser la route d'une gériatre extraordinaire, la docteure Geneviève Demoures[5], qui dirigeait un centre spécialisé très en pointe sur la prise en charge de la maladie, le Verger des Balans. Elle nous a aidés à affronter la maladie en famille, et je dois dire que je lui en suis énormément reconnaissante. Elle a aidé mon père à comprendre comment il pouvait être utile à ma mère, ce dernier ayant même accepté de consulter un psychologue, lui, le vieux rugbyman macho ! Cela nous a permis d'être un peu mieux armés pour affronter la vision de ce que devenait ma mère. Une vieille femme perdant progressivement tous ses souvenirs et au-delà de cela, le moindre de ses savoirs, jusqu'à devenir un corps inerte pendant la dernière année de sa vie. Cet accompagnement m'a définitivement convaincue de l'importance de démontrer son amour au malade. Il m'a aussi appris à interpréter les infimes interactions qui existent, jusqu'à la fin, avec la personne mourante. Cette épreuve m'a forgée pour mieux

5. Psychogériatre à la retraite, Geneviève Demoures est présidente de France Alzheimer en Dordogne et vice-présidente de l'Union nationale France Alzheimer.

endurer ma propre maladie, et si je n'ai vu que plus tard une résonance entre la situation de ma mère et la mienne, il est indéniable que cette expérience m'a apporté de nombreuses clés pour la suite de mon existence. Alors, bien sûr, je ne peux dire ça que parce que j'ai eu la chance de guérir. Et d'ailleurs, ce fut littéralement une résurrection. Cela m'a fait prendre conscience de ma deuxième chance, et de la nécessité d'apprendre à profiter de cette vie « en plus » qui m'avait été donnée.

2

L'ÂGISME, UNE SACRÉE DÉCOUVERTE...

Je n'avais pas ressenti l'âgisme avant d'être consciente de vieillir, alors que je vois aujourd'hui des femmes de plus en plus jeunes mettre un mot sur le phénomène. Comme elles mettent aussi un mot sur les discriminations sexuelles et raciales subies par les femmes avant elles. Ma génération a-t-elle occulté le problème de l'âgisme comme d'autres discriminations ? Peut-être. D'ailleurs, n'avais-je pas, moi-même, un regard empreint de préjugés sur les « vieux » ou « vieilles » qui m'entouraient ? Quand ma mère avait mon âge, je n'avais que vingt-trois ans… Couturière à domicile, et passionnée de mode, elle confectionnait la plupart de mes vêtements, ce qui ne semblait jamais suffisant. Je pensais qu'elle ne pouvait pas avoir le goût qui convenait à la jeune fille que j'étais ! Il en va de même concernant son physique : si je la trouvais très belle et qu'elle donnait des cours de fitness à des femmes un peu plus âgées qu'elle (c'était l'époque de Véronique et Davina et leur émission *Gym Tonic* le dimanche matin), je ne concevais pas du tout qu'elle puisse être encore une femme désirable et encore moins désirante. Mes parents étaient vieux, ça ne faisait aucun doute pour moi. Quant à mes grands-parents qui vivaient avec nous, ils étaient carrément des survivants de la préhistoire ! Il faut dire que nous sommes une famille qui fait des enfants très tard, ils étaient donc nés à la fin du XIXe siècle ! Mon grand-père en 1884 ! Ma grand-mère en 1889 ! Autant dire que le fossé générationnel était très profond entre nous. Je suis partie à Bordeaux faire mes études. Années, bien sûr, où je ne côtoyais que des jeunes. L'effervescence de la grande ville, les amitiés nouées dans l'éclosion de ma vie de femme et l'entrée à l'école de journalisme ont été déterminantes pour trouver la direction de ma vie future : j'ai tout de suite su que je vivrai dans une grande ville, que j'exercerai un métier merveilleux et que je serai financièrement indépendante très vite. J'ai, très rapidement, choisi de travailler à la télévision. Et dans ces années 1980 pleines de promesses, je considérais le fait d'être une femme comme un avantage et non comme un handicap. Je ne me doutais pas que mon seul avantage était d'être jeune et pleine d'allant ! C'est vrai que ces années-là, sous l'effet de la libéralisation de la communication, et la création de radios libres et de télés privées, beaucoup de postes se sont ouverts, créant de nombreuses opportunités. L'audiovisuel a été libéré de son carcan politique gaulliste et la télévision, en particulier, est devenue un média en plein développement. Les femmes devenaient journalistes au même titre que les hommes. Leur accès à l'antenne s'amplifiait, laissant même une d'entre elles, Christine Ockrent, présenter la grand-messe du 20 heures ! Pourtant, ce n'est qu'en prenant de l'âge que j'ai pu constater à quel point la télévision n'offrait pas beaucoup d'émissions à des femmes dépassant la cinquantaine. Les « vieilles » y sont très vite et très habilement effacées. Alors que Michel Drucker œuvre encore de manière hebdomadaire, que Pierre Lescure a été rappelé sur France Télévisions pour animer une émission sur le cinéma, les visages féminins que je côtoyais depuis le début de ma carrière ont disparu. À l'exception peut-être de Claire Chazal ou de Arlette Chabot, mais sur des chaînes info dont l'audience n'atteint pas celle des chaînes premium où officient encore les hommes que je viens de citer. En prenant de l'âge, j'ai aussi pris conscience du changement de regard des autres à mon égard, que ce soit dans le milieu professionnel ou non. J'expérimente moi-même aujourd'hui le fait que les préjugés sur les personnes âgées ne sont pas que l'affaire du passé. Ils existent encore bel et bien. Bien que nous nous mélangions tous plus facilement grâce à une mode intergénérationnelle, il reste incontestable que nous sommes poussés d'une catégorie à une autre : de jeunes à « darons» quand il y a parentalité et de « darons » à vieux, parentalité ou non. Et le phénomène s'accentue quand on se trouve entouré d'amis devenant grands-parents !

Double peine pour les femmes

« L'enfer des femmes, c'est la vieillesse »
François de La Rochefoucauld

Très récemment, mon *mec*, en se regardant dans la glace, a reconnu avoir pris « un peu » de ventre... Tu parles ! Lui qui n'a jamais pesé plus de 74 kilos, qui a toujours eu une musculature bien marquée et plutôt une silhouette de jeune homme a pris quelques centimètres de tour de taille ! Franchement, je crois que c'est la première fois que je l'entends parler de son physique sur le plan esthétique. Si ce n'est de regretter la perte de quelques cheveux ou de toujours chercher sa paire de loupes en raison de sa presbytie, je le pensais à l'abri du vieillissement ! Et puis là, paf ! Voilà que, lui aussi, ça le rattrape. Et encore se console-t-il d'avoir « beaucoup moins pris » que ses potes du même âge ! Ben voyons ! Je pressens qu'il n'envisage pas une seconde la possibilité que je le trouve moins beau ou un peu moins désirable.

Et c'est là une des grandes différences entre les hommes et les femmes : notre société ne place pas le corps de l'homme et celui de la femme sur le même plan d'égalité, il n'est nul besoin pour le corps masculin de répondre à des critères de séduction semblables à ceux attendus par le corps des femmes. Il suffit pour les hommes de tout simplement répondre à une certaine forme de virilité. Cette caractéristique est plus facile à maintenir au fil du temps et l'âge avançant. Les tempes grises et les lunettes viennent confirmer leur expérience de mâle quand ces mêmes signes de vieillissement vont à l'encontre de tous critères attendus... Mais au moment de la vieillesse, je pense que l'importance de ces critères est plus facile à tenir pour les hommes. Et que l'âge avec ses attributs, les cheveux poivre et sel notamment, ou les lunettes, permet même d'en confirmer la permanence. Avoir un certain âge, ça « fait viril » !

Bien au contraire, pour nous, les femmes, les signes du vieillissement vont à l'encontre de tous les critères communément admis comme étant ceux de notre genre. Car le corps féminin, lui, est durant toute sa vie, considéré du point de vue de la séduction, de la procréation, bref du rapport aux hommes. On nous sexualise parfois dès que nos seins pointent le bout de leur téton alors que souvent nous ne sommes même pas sorties de l'enfance. On nous met en garde très vite contre les garçons qui sont intrinsèquement dangereux, car ils peuvent se laisser aller à des pulsions qui ne sont pas accordées aux filles.

Une autre différence majeure est que les hommes, à moins d'avoir été malades ou blessés, ne subissent aucun événement susceptible de modifier ou d'affecter leur corps, contrairement à nous qui connaissons les règles, la maternité et la ménopause. Le vieillissement peut leur paraître comme un moment de vie violent car ils n'ont pas l'habitude ! C'est sûrement pour ça que nos copains ou compagnons finissent comme nous par se plaindre d'avoir vieilli ou d'avoir pris un coup de vieux. Mais soyons claires, il ne fait aucun doute qu'il est encore beaucoup plus difficile de vieillir pour une femme que pour un homme[6].

Si le vieillissement a un quelconque effet métabolique sur les hommes, ce changement est peu comparé aux métamorphoses que nous les femmes, avons pu subir, de la prise de poids à la prise de notre première pilule à la légère bouée post-accouchement sans parler du bidon disgracieux que nous offre souvent la ménopause. Éprouvées par des changements tout au long de notre

6. Il est intéressant de consulter le documentaire suivant : *Avec l'âge, les hommes mûrissent, les femmes s'enlaidissent* ? disponible sur TV5MONDE.

vie, nous avons toutes au moins une fois été confrontées aux idées reçues , aux clichés et aux attentes de la société concernant toutes ces étapes de la vie d'une femme.

Il me paraît difficile pour une femme de s'affranchir de certaines injonctions, parce que nous ne sommes jamais en position de force, que ce soit dans la sphère domestique où nous sommes encore trop souvent assignées, ou dans la sphère socioprofessionnelle où nous sommes encore minoritaires. On pourrait penser qu'une avancée en âge nous permettrait de souffler. Eh bien non.

Vérifiez autour de vous. Les effets de l'âge sont quand même bien moins souvent commentés quand il s'agit d'un homme que quand il s'agit d'une femme. Qui s'intéresse au physique d'un homme politique ou d'un animateur de télévision ? Qui s'intéresse à leur prise de poids, à leurs cheveux disparus, grisonnants ou blanchis, aux éventuels recours à la chirurgie ? Quelques commentateurs mal intentionnés peut-être mais, comme à tous les âges de la vie, la tolérance à l'égard du corps masculin surpasse largement la tolérance accordée au corps des femmes !

Un dimanche soir de février de cette année, alors que je zappais sur ma télécommande, j'aperçois les deux invitées du journal de 20 heures, Pamela Anderson et Estelle Lefébure. Je me dis *tiens, peut-être vont-elles parler de l'âge ?* Deux sex-symboles des années 1980/1990 sur le même plateau, ça s'écoute quand on écrit un livre sur la vieillesse. L'une, Pamela, après s'être montrée sur les réseaux sociaux sans maquillage, est devenue l'égérie du mouvement *No make-up*. D'ailleurs, elle affiche ce soir-là un visage des plus naturels. De part de la playmate d'*Alerte à Malibu* qui a su affoler toute une génération d'hétéros rêvant de se faire sauver de la noyade par cette belle fille en maillot brésilien, cela reste osé ! Sa présence sur le plateau est due à son dernier film, *The Last Showgirl* de Gia Coppola, dans lequel elle incarne le rôle d'une femme qui n'a vécu que sous le regard des hommes. En effet, cette femme, Shelly, est une danseuse qui voit le spectacle dans lequel elle performe depuis trente ans s'interrompre subitement et qui, à cinquante ans, doit trouver comment rebondir. On est en plein dans le sujet ! Quant à Estelle Lefébure, elle est là pour parler de son dernier livre, au titre évocateur, *Welcome, accueillir le temps qui passe*[7]. Ce titre montre à quel point l'âge est un sujet, même pour les plus belles femmes du monde. Surtout pour elles, dit Estelle, car le jugement des autres est peut-être plus difficile à accepter quand il dicte nos vies. Et quand la beauté est le principal critère de performance. À la question de Laurent Delahousse : *« est-ce plus difficile pour une femme que pour un homme de vieillir ? »* la réponse est sans appel : *« Oui ! Je vais vous dire oui tout de suite ! »* Et Pamela confirme en se tournant vers elle en souriant *« Sans aucun doute ! »* Un cri du cœur pour ces femmes qui continuent pourtant d'être plus belles que la plupart d'entre nous.

Leur communication sur un sujet comme celui-ci n'est pas anodine. Elle montre que les choses bougent. Dans les générations précédentes, l'âge des actrices restait tabou. S'afficher sans maquillage était inenvisageable.

7. Flammarion, 2025.

Ma génération a donc un peu plus de chance ! Car, même si l'âge reste pénalisant pour nous, en affichant les signes du vieillissement, ces femmes célèbres nous ouvrent des portes. Les cheveux gris ou blancs sont même devenus à la mode grâce à des pionnières comme Sophie Fontanel, journaliste et auteure qui les exhibe avec fierté depuis bientôt dix ans. Devenue influenceuse, très suivie sur Instagram, elle en a même fait, aujourd'hui, sa signature. Dans son sillage, nous sommes nombreuses à avoir choisi la liberté de ne plus nous teindre les cheveux toutes les trois semaines et à accepter de paraître « plus vieilles que notre âge ». Mais même assumé, ce choix a néanmoins une petite connotation militante. Car il existera toujours une âme même bien intentionnée qui trouvera l'occasion de rappeler par son comportement ou ses remarques que les cheveux blancs ne valorisent pas forcément l'image des femmes.

L'autre jour, alors que j'étais assise à ma place dans un TGV, j'entends une jeune femme arpenter le couloir en rageant. Prenant son téléphone, elle s'adresse à son interlocuteur ou interlocutrice : *Oh là là ! il y a une vieille femme installée à ma place je ne sais pas comment faire...* » Et je l'entends lui donner le numéro de ma place ! Outre le fait que je suis et dans la bonne voiture et au bon numéro, je prends ce qualificatif en pleine poire. On a beau dire, mais s'entendre traitée de « vieille femme » ne nous réconcilie pas du tout avec l'idée de vieillir. Même s'il n'y avait rien dans le ton de cette jeune femme qui pouvait me faire penser qu'elle disait ça pour me blesser, mes cheveux devaient trahir mon âge lui laissant penser que je devais perdre la boule ! Alors, quand cette dernière est venue vers moi pour me dire « *Pardon madame, mais vous êtes assise à ma place* », j'ai pris un malin plaisir à lui répondre : « *Vous pensez être dans quelle voiture ?* » Elle me répond la 8. Or, nous étions dans la 6... Je reconnais que perfidement j'ai pris un malin plaisir à ajouter : « *Je suis peut-être une vieille femme, mais je ne confonds pas encore les numéros de voiture !* » Elle n'a manifestement rien dû comprendre à mon agressivité et est repartie comme elle était venue. Mais cette anecdote, parce qu'elle m'a laissé une petite blessure d'amour propre, montre que même pour moi, qui écris ces lignes sur la manière de bien vivre son âge, j'ai au fond de moi un *a priori* négatif sur le mot « vieille ». Être traitée de « vieille femme » alors que j'en suis une ne devrait pas me faire cet effet-là, finalement.

Dans son livre *Qui a peur des vieilles ?*[8], Marie Charrel, journaliste au *Monde*, montre bien à quel point le mot « vieille » reste péjoratif. À la question que pose son livre, *Qui a peur des vieilles ?*, elle répond :

« *À peu près tout le monde ! C'est le constat de départ et le constat d'arrivée de ce livre. Malheureusement. Les "vieilles femmes" sont largement un repoussoir encore dans notre société, tant pour les hommes que pour les femmes d'ailleurs, alors que nous sommes dans des sociétés de vieux, c'est-à-dire des sociétés qui vieillissent et une des interrogations au départ du livre c'était : mais pourquoi on est à ce point complètement déphasés entre ce que nous sommes, c'est-à-dire une société occidentale à*

8. Les Pérégrines, 2021.

cheveux blancs, et ce fantasme du corps jeune qui guide à peu près tout. La publicité, les ventes, le cinéma. On ne se regarde pas tels que l'on est vraiment. Et je pense que ça rend beaucoup de monde malheureux. »

Certes, effectivement, il ne fait pas encore bon vieillir dans nos sociétés occidentales quel que soit le genre, mais mon intuition est la bonne : **c'est pire quand on est une femme**. La sociologue Juliette Rennes, qui travaille sur les discriminations de genre et d'âge dans l'histoire, le résume très bien dans un article du *Monde diplomatique*[9], elle y explique comment l'essayiste américaine Susan Sontag explore en 1972 ce qu'elle appelle le « *deux poids, deux mesures de l'avancée en âge* ».

« *En matière de séduction,* remarque-t-elle, *deux modèles masculins coexistent, le "jeune homme" et l'"homme mûr", contre un seul côté féminin : celui de la "jeune femme". Au point qu'il est admis, notamment dans les classes moyennes et supérieures, qu'une femme dépense une énergie croissante (et, si elle le peut, de l'argent) pour tenter de conserver l'apparence de sa jeunesse. L'âgisme prend des formes spécifiques envers les femmes.* »

Quand je l'ai interrogée, Juliette Rennes m'explique pourquoi c'est une des dimensions du sexisme. « *Pour moi, il est surtout une conséquence de tout ce qui a été pointé par les féministes depuis au moins les années 1970, à savoir la sexualisation des jeunes femmes, l'assignation des femmes à cette jeunesse qui n'est pas juste symbolique, qui peut aussi passer par des outils juridiques. Je parle souvent*

9. « Vieillir au féminin », article paru en décembre 2016.

"d'adultéité refusée" dans l'histoire des femmes parce que dans le Code civil napoléonien, les femmes mariées sont des mineures, donc elles ont un statut juridique équivalent à celui des mineurs. Elles ont besoin de l'autorisation de leur mari pour toucher un salaire, ouvrir un compte en banque, et ceci jusqu'aux années 1960 et donc, la réclamation des féministes de la fin du XIXe*, l'émancipation, c'est aussi d'accéder à ce statut d'adulte qui leur est refusé. Et l'assignation à la figure de la jeune femme, le fait qu'une femme est désirable si elle a une dimension de fille, d'enfant, dans la période sur laquelle j'ai travaillé, cette érotisation de la jeunesse est vraiment très flagrante, y compris à travers le langage. On parle de "cette enfant" pour une femme de vingt-cinq ans !* » Et donc le corollaire c'est l'assignation à un impossible vieillissement de ces femmes dont le seul modèle imposé, même si ça évolue, c'est celui de la jeunesse.

Les femmes qui vieillissent ne seraient plus objet de désir et n'intéresseraient plus personne, ainsi on les fait disparaître. Pas en les tuant, bien sûr, mais en les effaçant du champ médiatique ou culturel.

« Tout ce qui n'est pas montré n'existe pas »

Des vieilles femmes qui se font remarquer, il en existe, certes, mais elles ne sont pas légion ! Parfois elles ne se font même reconnaître que sur le tard, comme Annie Ernaux, féministe inlassable qui a obtenu le prix Nobel à quatre-vingt-deux ans. Au cinéma, Meryl Streep, soixante-seize ans, a reçu la Palme d'or d'honneur à Cannes, il y a deux ans. Cette dernière a même raconté être venue pour la première fois à ce festival alors qu'elle avait quarante ans et qu'elle pensait, à ce moment-là, que sa carrière était terminée ! C'est dire si prendre de l'âge pour une actrice est un sujet qui ne date pas d'hier. Mais ces femmes remarquables sont, si j'ose dire, autant d'arbres qui cachent la forêt. Car, dans la réalité de ce premier quart du XXIe siècle, les femmes âgées sont inexistantes au cinéma et dans la représentation sociale. Vous en voyez beaucoup, vous, des vieux, des vieilles, dans les films ?

Les chiffres montrent qu'il n'y a rien d'étonnant à ça. La comédienne Blandine Métayer est membre de l'association des actrices et acteurs de France associés où a été crée par Marina Tomé la commission AAFA-Tunnel de la comédienne de 50 ans. Depuis 2015, il publie un baromètre qui décompte les rôles par genre et par tranche d'âge dans les films français. Et ça ne bouge pas beaucoup ! En 2023, sur l'ensemble des films français sortis, seuls 9 % des rôles sont attribués à des comédiennes de plus de cinquante ans. C'était 7 % en 2021 ! Une évolution minime, d'autant plus si l'on compare avec les hommes du même âge ! On constate qu'ils incarnent deux fois plus de rôles à l'écran et que leur exposition est, de fait, beaucoup plus proche de leur poids réel dans la population française : une personne sur quatre dans la société, un rôle sur cinq au cinéma.

Les femmes sont loin du compte. Et si l'on entre dans le détail, le constat est accablant. Blandine Métayer, qui est très active dans cette lutte pour la représentation des femmes mûres, m'en donne un résumé qui ne varie pas beaucoup d'une année sur l'autre :

« La majorité des productions se caractérisent par une vision stéréotypée, voire rétrograde des identités de genre. De ce baromètre se dégagent deux grands axes : les femmes de plus de 50 ans dans des rôles sociaux bien définis, et la femme de plus de 50 ans essentialisée de façon caricaturale. Rien de nouveau sous le soleil ! Il y a les mères de famille qui arrivent en première position. C'est la sous- catégorie reine, une de celles où les stéréotypes de genre sont par ailleurs les plus prégnants. En deuxième position, il y a les femmes de pouvoir, mais, il ne faut pas s'emballer, elles existent avant tout par leur métier. C'est tout. Elles n'ont droit à aucune vie personnelle, amoureuse... aucune existence en dehors du travail. Et en troisième position des "mentors", qui ferment le peloton et qui semblent enfin composer une galerie de portraits un peu plus ouverts, un peu plus libres et peut-être plus humains aussi. Donc, pour résumer, il y a des mères, des grand-mères, des femmes qui peuvent occuper des postes dans des univers traditionnellement dévolus aux hommes, mais rarement des femmes désirées ou désirantes. Résultat, le fait qu'elles ne soient pas à l'image fait qu'elles n'existent pas dans la société ! Donc on ne les envisage pas autrement que là où elles sont, c'est-à-dire invisibles. Et c'est ça le problème ! Ça devient un cercle vicieux : si on ne les voit pas à l'image elles disparaissent dans la société et si elles disparaissent dans la société, on ne va pas non plus les représenter à l'image ! Alors que si on les voyait dans des

films on se dirait qu'elles ont le droit d'occuper ce rôle ou ce poste et vice-versa ! »

Pour Blandine Métayer, ce combat pour la parité et particulièrement dans son métier de comédienne est plus important qu'il n'y paraît car il est symbolique :

« *Ce qui n'est pas représenté n'existe pas ! Nous, on se bat pour les représentations. Et pour que toutes les personnes dans la société soient représentées. Et c'est très important, en particulier pour les jeunes filles et les jeunes femmes. Parce que comment se projeter dans l'avenir s'il n'y a aucun avenir ? Si on se dit de toute façon à quarante, quarante-cinq ans, si j'ai pas fait ma vie avant, je suis foutue ! Je serai au rebut. C'est horrible, parce que ça va très vite ! En fait, on se bat pour toutes les femmes. Qu'elles soient jeunes, moins jeunes, âgées, pour toutes les femmes ! Pour qu'elles soient représentées. Parce que les hommes, eux, le sont !* »

Et comme s'il fallait encore une preuve de l'invisibilité des femmes âgées dans la société, il en existe une de plus dans le livre de Marie Charrel[10] :

« *Il y a vraiment ce décalage entre leur rôle réel dans la société, la place qu'elles tiennent et la place qu'elles ont dans les représentations, c'est-à-dire tout : les médias, les films, l'imaginaire collectif. Ce décalage-là m'a assez frappée. Quand je parle du rôle qu'elles tiennent, c'est tout un pan de notre société aujourd'hui qui tient grâce aux femmes et en particulier grâce aux femmes de plus de cinquante ans proches de la retraite ou d'après la retraite.*

10. *Qui a peur des vieilles ?* Les Pérégrines, 2021.

Que ce soient les médiathèques, les aidants, prendre soin des parents très très vieux, des petits-enfants. Si on enlève les femmes de plus de 50 ans ou de plus de 60 ans, il y a quand même tout un pan de la société qui s'effondre, et ça on ne le voit pas assez, je trouve. »

Même dans la fiction, il vaut donc toujours mieux être un homme qu'une femme. Adèle Heynemann est scénariste et travaille sur un des feuilletons quotidiens les plus regardés du moment. Selon elle, les séries essaient d'être plus en prise avec la société même si les choses ne bougent pas vite.

« *Dans les séries françaises que j'ai vues, les vieilles femmes, ou en tout cas, les femmes de soixante, soixante-dix ans, c'est que des meufs trop méchantes ! Des espèces de mégères manipulatrices. Au mieux elles sont calculatrices, au pire elles sont un peu connes et dans l'ombre de leur mari. Ça, ça arrive moins je trouve dans les séries d'aujourd'hui. On essaie de faire en sorte que les femmes aient un peu plus de rôles et qu'elles soient ce qu'on appelle "proactives", c'est-à-dire qu'elles soient un peu motrices dans l'histoire. Mais je trouve que dans la représentation, ce ne sont pas des personnages très positifs. Ce ne sont même pas des femmes âgées, ce sont juste des femmes qui ne sont pas mères de jeunes enfants ! L'an dernier j'ai vu* De grâce. *La femme de 60 ans c'est une espèce de monstresse. J'ai vu aussi une saga familiale qui s'appelle* Tout cela je te le donnerai. *La femme de plus de soixante ans, elle a buté toute sa famille ! Alors, elles sont peut-être un tout petit peu plus représentées, mais t'as pas encore envie de leur faire des câlins !* »

La réussite d'Adèle en est la preuve. Les métiers de l'audiovisuel et du cinéma se féminisent, c'est un fait, mais c'est en trompe-l'œil. D'après le rapport 2024 de l'Observatoire de l'égalité entre femmes et hommes dans la culture et la communication, les filles sont plus nombreuses que les garçons dans les écoles de ce secteur. Et cette proportion a même très fortement augmenté dans le domaine de l'audiovisuel et du cinéma, ces cinq dernières années : en 2022-2023, les filles représentaient 61 % des effectifs, contre 55 % en 2009-2010.

Pourtant, elles ne représentent encore aujourd'hui qu'un réalisateur sur quatre ! C'est quand même peu ! C'est l'Observatoire européen de l'audiovisuel qui le montre en janvier 2022 dans son rapport. Et qu'on ne me dise pas que c'est parce qu'elles ont moins de talent ! Car quand elles accèdent à la réalisation, c'est souvent une réussite. Il y a bien sûr Agnès Varda, Jane Campion, Sofia Coppola pour ne citer qu'elles et dernièrement, la Française Coralie Fargeat, quarante-neuf ans, qui a non seulement obtenu l'Oscar du meilleur film avec *The substance,* mais qui a, en plus, réussi l'exploit d'obtenir celui de « meilleur réalisateur ». Un exploit oui, car elle est la seule femme et donc la première réalisatrice, dont le nom figure dans cette catégorie ! Et comme une sorte de mise en abîme, son film est une œuvre qui questionne sur l'injonction à ne pas vieillir. Il raconte comment une femme d'âge mûr, interprétée par Demi Moore, est prête à tout pour retrouver sa jeunesse en prenant cette fameuse « substance » qui la transforme en jeune femme, quitte à transformer sa vie en cauchemar. C'est une réflexion sur la condition féminine qui propulse une femme tout en haut de l'affiche ! Quand les femmes accèdent à la création, elles abordent souvent un thème qui sert la cause de leur représentation.

Une colère saine

C'est aussi le cas de Blandine Métayer. Comme elle ne cesse de témoigner du sort réservé aux femmes dans les milieux masculins, la comédienne a franchi le pas, s'initiant à la mise en scène. Après avoir participé aux émissions burlesques des années 1980, *Le Petit Théâtre de Bouvard* et *La Classe*, elle a écrit son propre one-woman-show intitulé *Je suis top !*, décliné aussi en BD[11]. Elle y raconte le parcours d'une femme d'un certain âge, qui a gravi tous les échelons hiérarchiques de son entreprise pour parvenir au sommet, en devenant directrice financière. Une satire du monde de l'entreprise qu'elle joue désormais partout en France, invitée par les chefs d'entreprise eux-mêmes, pour créer un électrochoc auprès de certains cadres qui oublient que le monde change en matière de droits des femmes. C'est un peu comme une catharsis car à l'issue des représentations, elle raconte l'éveil des femmes face aux traitements inégalitaires subis dans le cadre de leur activité professionnelle. À moi aussi, son spectacle a fait du bien. La femme dont elle raconte l'ascension a mon âge. Elle a passé toute sa carrière dans la même boîte, avec tout ce que ça entraîne de paternalisme et d'entre-soi. Blandine

11. Delcourt, 2016.

Métayer en a fait une pièce caustique, très critique sur la manière dont les hommes peuvent encore traiter les femmes, comme si elles leur étaient intrinsèquement inférieures. Elle montre aussi comment, sous prétexte de nous adapter, nous pouvons parfois et inconsciemment devenir complices des hommes au sein de ce système.

J'ai retrouvé dans cette pièce ma propre prise de conscience sur la difficulté des femmes à trouver une juste place dans le monde du travail. Comme si vieillir exacerbait ma conscience féministe. S'il est souvent dit qu'avec l'âge, on s'assagit, j'ai pourtant l'impression, au contraire, que, me concernant, mon esprit fait une course inverse à celle, biologique, de mon corps. Ma curiosité augmente alors que mes facultés physiques diminuent. Je suis davantage en colère sur les questions de genre que je ne l'étais quand j'étais jeune alors que je les subissais déjà beaucoup.

Est-ce propre à ma génération ? Avons-nous été laxistes envers les discriminations subies par les femmes ? Ou simplement aveugles aux injustices que nous subissions ?

Le livre de Charlotte Montpezat m'a un peu rassurée. Elle y montre comment nous avons été simplement des actrices de notre époque.

« *Nous sommes la première génération à avoir investi le champ du travail. Alors forcément, quand on est les premières, on ne peut pas tout faire. Il y a beaucoup de boulot ! Donc, oui, on a ouvert un espace que nos filles considèrent comme acquis, et qui ne l'était pas pour nous. Mais on n'a pas tout fait, on n'a pas tout déblayé. On fait partie aussi d'une génération qui a peu combattu. C'est-à-dire que nos mères ont brûlé leurs soutiens-gorges en 68 et fait une première révolution féministe. Nos filles, ensuite, se sont levées pour* #MeToo *et on leur doit vraiment beaucoup. Nous on a, un peu, minaudé avec nos rouges à lèvres et nos talons de 12 et pas achevé la révolution de notre place au travail !*

Ça me fait penser à ce mythe des années 80, working girls, *etc. Ça se sentait même dans l'habillement où on voyait ces femmes avec des tailleurs hyper épaulés... Bien sûr les codes de la hiérarchie, du pouvoir en entreprise étaient des codes masculins donc c'était quand même plus simple, dans un premier temps sans doute, de passer par ces codes-là, de se les approprier, plutôt que d'en établir de nouveaux. On n'a pas fait de révolution, si ce n'est quand même celle d'investir le champ du travail, ce qui n'était pas rien.* »

J'aurais donc été féministe rien qu'en allant travailler ? Et c'est maintenant que je me souviens que, ma mère, née en 1922 (oui elle m'a eue à quarante ans !), émettait régulièrement le désir d'avoir un emploi. Mon père était cheminot et elle, comme je l'ai déjà évoqué, couturière à domicile. Bien qu'elle apportât un petit complément financier au ménage, elle répétait souvent son envie de « sortir de la maison ». Alors, un jour, je devais avoir une dizaine d'années, elle a franchi le pas. Elle a trouvé un travail de retoucheuse dans un magasin de la ville, qui vendait des tissus, commerce en voie de disparition aujourd'hui. Mon père et moi allions tous les soirs la chercher en voiture ! Nous l'attendions, dans la Renault 16, à la sortie, devant la boutique ! Elle avait pourtant son permis de conduire, mais je ne me souviens pas si le fait de l'escorter était une de ses volontés à elle ou une préférence venant de mon père qui souhaitait exercer sur elle un contrôle. Mes souvenirs sont vagues à ce sujet. C'est dommage, car il aurait été intéressant de connaître ses motivations.

Toujours est-il que cela n'a pas duré. Était-ce parce que ma mère trouvait ça moins intéressant que le travail à domicile ? Ou parce que mon père en a eu marre de venir la chercher tous les soirs ? La seule chose dont je suis sûre c'est que ça n'a occasionné aucun conflit. Je pencherais pour le fait que ma mère n'a pas aimé faire la petite main dans un atelier alors que ce qu'elle aurait voulu, elle, c'est avoir sa propre boutique, en ville. Elle était vraiment passionnée par les tissus, la mode et le monde de la « couture » ! Tout ça pour dire que travailler, et gagner seule sa vie, c'était un rêve ! Ce n'était pas encore, pour une femme, une évidence dans les années 1970. C'était un pas difficile à franchir pour beaucoup d'entre elles. Et je pense que ma mère en éprouvait une certaine frustration. Combien de fois m'a-t-elle répété de ne jamais dépendre d'un homme !

Alors, dans les années 1980, il était évident pour moi que travailler se révélait un grand privilège, me conférant une totale autonomie. Je me sentais totalement libre, portée par l'optimisme de la société d'alors, la libéralisation des mœurs, l'autorisation de la contraception puis de l'avortement, et bien d'autres... Mais la nostalgie ressentie par ma génération est aussi liée au fait que nous avions vingt ans ! Le souvenir de notre jeunesse embellit ce que nous vivions vraiment. Car, avec le recul, il faut bien reconnaître que les années 1980 ont été terribles pour les femmes. Très « machistes ». Juliette Rennes, sociologue, le confirme :

« *C'est vrai qu'à l'échelle de l'histoire des moments féministes, il y a eu un trou en termes de mouvement organisé et de politisation. On a parlé de* backlash *dans les années 80. Après la décennie 70 en France avec l'arrivée du parti socialiste au pouvoir, il y a eu une espèce d'absorption et de déradicalisation des mouvements de la décennie précédente parce qu'il y a eu des réactions antiféministes y compris à travers des nouvelles normes culturelles. Il y a quand même une culture dominante médiatique dans les années 80 qui est très anti-féministe une occultation totale dans la transmission des mémoires historiques à travers le système scolaire. Entre les années 80 et 2000 on n'apprend rien du tout de l'histoire des femmes, du féminisme et les stéréotypes sont très négatifs sur les militantes ou sur celles qui revendiquent l'égalité parce qu'il y a l'idée que l'égalité est acquise !* »

J'ai effectivement le souvenir que se revendiquer féministe dans ma jeunesse était très connoté. Dans le meilleur des cas, on coupait les cheveux en quatre, en clair, on était une emmerdeuse. Dans le pire des cas, une malbaisée qui de fait détestait les mecs ! Alors, on serrait les dents. On supportait des comportements masculins qui aujourd'hui paraissent intolérables. Je fais partie des vieilles que #MeToo a réveillées !

J'ai découvert, grâce à ma fille, ce que les jeunes générations appellent la déconstruction. C'est-à-dire remettre en question les relations hommes-femmes, personnes racisées-personnes non racisées, vieux-jeunes telles qu'elles sont définies communément par les normes sociales. Ce que certains appellent le *wokisme*. Nombreux sont ceux de ma génération d'ailleurs qui adorent se moquer de ce mot, l'assaisonnant à toutes les sauces quand ils veulent prouver qu'on ne peut plus rien dire. Je trouve pourtant sain justement de s'interroger sur le poids de nos paroles et sur la manière dont elles peuvent être reçues par l'autre. Et cette démarche me permet aujourd'hui d'être plus critique, plus exigeante et, paradoxalement, plus tolérante. Ce réveil m'offre une nouvelle ouverture d'esprit et une nouvelle curiosité qui me permettent de continuer à apprendre.

3

LA FIN DU DÉSIR ?

Réveillée ! Mais est-ce que je dormais ? Non, pas vraiment. J'ai vécu une vie où le féminisme était bien présent. Jamais mariée, séparée du père de ma fille, investie dans un job très prenant, je n'ai jamais transigé sur ma liberté, mon indépendance et mon désir. Et je n'ai qu'une envie, c'est que ça continue ainsi. Même en ayant arrêté de travailler douze heures par jour, je n'ai pas l'intention de me laisser porter ! Se reposer d'une longue carrière, c'est bien. Se sentir désœuvrée, seule et sans envie, il n'en est pas question ! Pourtant c'est le premier danger de l'âge et de la perte d'activité. Y a-t-il des « trucs » pour garder intacts son désir ou ses envies ? Pour essayer de le savoir, j'ai rencontré Marie de Hennezel. Psychologue, psychanalyste, elle est l'auteure de nombreux ouvrages sur le vieillissement et la fin de vie. Elle a été la confidente de François Mitterrand de 1984 jusqu'à sa mort en 1996, et, de leurs conversations, elle a tiré l'ouvrage *Croire aux forces de l'esprit*[12]. Pour elle, tout est là : dans la tête ! Et autour de la soixantaine, disons plus précisément, quand arrive l'âge de prendre sa retraite, elle confirme qu'on peut traverser à ce moment-là un épisode dépressif, qui, justement, va

12. Pocket, 2018.

agir sur le désir et les envies. « *Il faut une acceptation du vieillissement du corps sinon on est mal barrés. C'est une aventure spirituelle. Il y a un regard sur le monde qui change du fait de l'âge. Globalement à partir du moment où on n'est plus dans la productivité et qu'on a encore de l'énergie il faut essayer d'en faire quelque chose. Par exemple, ce qu'on a aimé faire dans un cadre professionnel, on peut très bien le transposer autrement.* »

Ma fille, qui, âgée de trente ans, construit elle-même sa vie, n'a plus besoin de moi. J'ai la chance d'avoir toutes les raisons de continuer à mener une vie active, entourée de mes amis et de mon compagnon depuis plus de vingt ans et avec qui je mène une relation à distance qui me convient parfaitement. Rester plus souvent et plus longtemps à la maison risquerait de m'enfermer dans une vie au ralenti. Et le changement de rythme entraîne beaucoup de questionnements.

Pendant trente-huit ans de vie dans une rédaction, je suis restée suspendue à l'actualité. Reporter, j'étais susceptible, chaque jour, d'être envoyée sur une manif, un conflit social ou n'importe quel événement à traiter au plus vite. Rédactrice en chef, je devais anticiper les choix destinés à alimenter chaque jour le récit de ce qui se passe en France et dans le monde. C'est une forme de concentration permanente. Une impression d'être toujours sur le qui-vive. Ça peut paraître terrible dit comme ça, mais en réalité, c'est une activité passionnante qui donne du sel à la vie ! Aucune journée ne se ressemblait, me plongeant sans cesse dans le questionnement et m'ouvrant à toute interaction permanente avec les autres, que ce soient des personnes de terrain ou des confrères. Il ne se passait pas une journée où je n'apprenais pas quelque chose et où je ne débattais pas d'un sujet.

Pour autant, ce rythme devient addictif, tout autant qu'une véritable drogue. Alors, évidemment, il n'est pas facile, le jour où ce rythme change, de pallier le manque, de trouver d'autres sources d'apport intellectuel, de confrontation d'idées, bref de tout ce qui me faisait vibrer. Heureusement, comme le disait Marie de Hennezel, c'est une véritable chance de transposer cette énergie dans l'écriture et la réalisation de podcasts mais malgré cela, les sollicitations ne sont plus les mêmes que dans une vie active. Cela nous pousse à anticiper le coup d'après, pour ne pas se laisser endormir par l'inactivité... C'est un défi face à la facilité de ne rien faire et de se glisser avant l'heure dans une vie où le désir peut prendre, lui aussi, très facilement sa retraite !

Éviter la mort sociale

Arrêter de travailler peut être une véritable mort sociale. Une copine et ancienne collègue, Sabine, en témoigne dans mon podcast :

« *Moi, j'ai perdu plein de choses (en arrêtant de travailler) ! J'ai perdu de parler à 100 personnes avant midi ! Moi, le matin je parle à qui ? Mon mec ? Il n'est pas là. Il est déjà parti ! Une fois que j'ai bu un café avec lui, pour moi, ça y est, la journée est finie.* »

Le soir de cette conversation, j'avais organisé un dîner à la maison avec quatre amies parisiennes dont trois travaillaient avec moi à France Télévisions. Sabine donc, y était monteuse. Elle a quitté l'entreprise à contre-cœur, à soixante-neuf ans, profitant d'un plan de départ. Elle est la seule dans mon entourage à détester son nouvel état de retraitée. Même les déjeuners avec ses amies, présentes ce soir-là chez moi, ne trouvent pas grâce à ses yeux. Elle estime que ce sont des cases qu'on remplit. Que ce n'est pas intéressant. Et quand on lui fait remarquer que le travail aussi était une case à remplir, qui de surcroît prenait le pas sur toutes les autres, elle bondit :

« *Mais pas du tout ! Qu'est-ce que tu voulais que ça m'empêche de faire ? Faire quoi ? Je ne jardine pas, je ne fais pas le ménage, et je n'avais pas envie d'avoir autre chose. Je n'en avais pas envie !... Ce qui me manque aujourd'hui, c'est le challenge. C'est de me dire, il me reste une heure pour faire un truc que je devrais faire en quatre heures mais je vais arriver à le faire en une heure. C'était le challenge qu'on avait tout le temps !* »

Et Sabine n'a pas trouvé d'autres challenges dans sa vie aussi forts et lui produisant autant d'adrénaline que ceux de son ancienne activité. Il faut dire qu'elle avait choisi de suivre les reporters de guerre sur le terrain et qu'elle faisait alors partie de ces monteurs spécialisés dans les situations à risque : autant dire que sa vie était évidemment très riche en aventures. Si le danger et les missions difficiles sont un carburant puissant, il n'est pas rare, sans aller à la guerre ou au bout du monde, que les journalistes travaillent jusqu'à soixante-dix ans, voire au-delà quand ils ne sont plus salariés. Entre ceux pour qui le passage à l'antenne est une drogue, ceux dont l'expertise a une valeur sur le marché médiatique et ceux qui gravitent dans le monde des décideurs, les raisons sont nombreuses pour ne pas vouloir « décrocher », comme tout métier qui apporte une reconnaissance sociale valorisante. J'ai interrogé l'anthropologue Fabienne Le Houérou, retraitée depuis trois ans après une longue carrière au CNRS :

« *C'est un effet ambivalent. Je pensais sauter de joie et en réalité c'est très étonnant parce que le métier nous structure. On est structurés par des habitudes, et mon métier c'est être chercheur. Ça ne s'arrête pas. Quand je rentre chez moi, je continue à être un chercheur, je pense que ça m'a donné une identité très forte. Je réfléchis comme un chercheur. Je suis tout le temps en train de me questionner. Tout le temps en train de lire, et je pense que du jour au lendemain, c'est presque impossible de se dire qu'on ne va plus rien faire et qu'on n'est plus ce qu'on a été pendant trente ans.* »

Pour ne rien vous cacher et vous dire la vérité, la peur du vide m'a aussi beaucoup travaillée, dans les premiers temps, allant jusqu'à inquiéter ma fille, qui raconte :

« *Je suis contente, parce que ça m'a un peu fait flipper de t'imaginer sans travailler, parce qu'un monde où tu ne travaillais pas, c'était un monde où tu n'étais pas journaliste ! C'était inimaginable ! Je ne t'ai jamais connue sans travailler ou sans être journaliste et ça a toujours pris beaucoup de place dans ta vie. J'ai pas flippé, mais, tu sais, quand tes parents partent à la retraite t'as toujours un peu ce truc de oh là là comment ça va se passer ?... Est-ce qu'elle va dépérir devant Netflix à longueur de journée ? Et en fait, t'as vachement bien rebondi et en même temps aussi, tu as appris à profiter de ta nouvelle liberté.* »

Et ma copine Isabelle de surenchérir quand je lui fais remarquer que finalement j'ai tous les jours un truc à faire :

« *Mais pourquoi il faut se dire à chaque fois, j'ai un truc à faire ! On a déjà eu cette discussion, c'est complètement con ! Quand les gens te disent tu as prévu quelque chose pour ta retraite ? Ben non ! Ça c'est un truc de vieux, c'est-à-dire qu'à l'époque quand ils partaient en retraite on leur offrait des machines à coudre ou des tondeuses à gazon et puis ils avaient tous des maison... ils étaient propriétaires, donc ils avaient le jardin ils passaient la tondeuse et à la bonne femme on lui offrait la machine à coudre... et cette génération-là on lui disait, alors t'as prévu quoi pour ta retraite ? Bon ben moi j'ai ma maison de campagne, l'autre ben moi je vais partir avec mon camping-car... et on continue à te le dire et moi c'est un truc qui me rend dingue car j'ai prévu de rien branler ! Pendant quarante-deux ans j'étais dans le stress de tout, je veux juste me poser et puis après on verra quoi !* »

Et c'est vraiment ça l'enjeu : faire du désœuvrement une chance. En espagnol « retraite » se dit « jubilacion » ! Quel plus joli mot peut-on trouver pour faire comprendre qu'on peut y trouver beaucoup de joie. Mais c'est parfois compliqué surtout sur la durée.

Car les premiers mois de retraite sont comme des grandes vacances où tout semble facile. Mais, avec le temps, la crainte d'une « mort sociale » apparaît très fréquemment.

Pour Marie de Hennezel, le passage à la retraite est une crise :

« C'est normal que ce ne soit pas facile ce passage. C'est un deuil. Il y a un deuil à faire d'une certaine manière de fonctionner mais on va découvrir autre chose. Et, personnellement, je me sens bien mieux dans ma peau aujourd'hui, à soixante-dix-sept ans, que je ne l'étais à soixante-deux. Parce que j'ai fait un chemin où j'ai découvert des tas de choses. C'est vrai aussi que j'ai de la chance. J'écris, je fais des conférences. Je suis dans quelque chose où on ne prend pas sa retraite. Je vois bien que pour ceux qui suivent mes séminaires c'est pareil. Ils arrivent à trouver comment transposer ce qu'ils aimaient faire, dans autre chose. »

« Je pense que les femmes y arrivent mieux que les hommes. Je les pense mieux loties que ces derniers quant à la richesse de la vie psychique. Ce qui est un paradoxe parce qu'il est admis que les hommes vivent mieux le vieillissement physique que les femmes. On dit "un beau vieillard", on ne dit pas une "belle vieillarde" ! Ça en dit long… »

« Effectivement, sur le plan physique, les femmes ont à dépasser quelque chose, ce que j'appelle la révolution narcissique. Les hommes peuvent sentir qu'ils peuvent vieillir tout en gardant une séduction reconnue par la

société, les femmes aussi peuvent garder une séduction, mais elles doivent accepter que leurs corps vieillissent. »

C'est vrai, et j'en ai parlé, les signes physiologiques du vieillissement ont pu être, pour moi, des blessures narcissiques. Mais je pense que le fait d'avoir retrouvé la maîtrise de mon temps en arrêtant de travailler me permet de faire justement cette « révolution narcissique » dont parle Marie de Hennezel. Avec ce temps « retrouvé » je pense avoir trouvé un nouvel équilibre. Je m'organise une vie suffisamment « vide », c'est-à-dire, libérée, le plus possible, des obligations « sociales » pour laisser un espace à l'envie d'agir. Je lis quand j'en ai envie, avant c'était quand j'avais le temps ! Je fais du sport quasiment tous les jours parce que ça me fait du bien, avant je stressais parce que j'avais à peine le temps d'en faire une fois par semaine ! Je vois plus souvent mes amis car je peux aujourd'hui leur rendre visite.

Avant, combien de dîners ai-je annulés parce qu'une urgence professionnelle liée à l'actualité m'empêchait d'honorer un engagement familial ou amical ? Cette autogestion de mon temps me donne un nouvel espace de liberté. Et ce temps gagné sur les contraintes redonne de la place à mon imagination. Elle crée de l'envie... et du désir !

Sexe : le sujet tabou ?

Nous y voilà ! Le désir ! Le grand absent des discours sur l'âge. Ou plutôt le grand malentendu des discours sur l'âge. S'il est dans les conversations, c'est pour souligner sa perte. Car le désir est trop souvent envisagé sous l'angle de la sexualité. Encore plus peut-être lorsqu'on ne peut plus l'assouvir dans l'accomplissement professionnel, comme c'est le cas quand on est à la retraite. Et pour les boomers, dont je fais partie, c'est une évidence. Pour ces personnes, nées entre 1945 et le milieu des années 1960, biberonnées à l'humour des années 1980, de Benny Hill aux Coco-girls, comment imaginer que le désir ne passe pas par le sexe ?

Mon compagnon m'a raconté cette anecdote : lors d'un week-end au bord de la mer, auquel je ne participais pas, un de ses plus proches amis a questionné, en aparté, chacun des hommes présents, tous sexagénaires ou sur le point de l'être, pour savoir s'ils continuaient à avoir des relations sexuelles et à quelle fréquence. Il leur a confié ne plus en avoir du tout et il s'en plaignait. Quant à mon compagnon, il m'a dit s'être finalement estimé heureux !

On peut trouver touchant d'apprendre que les hommes, entre eux, abordent la question de leur sexualité. C'est vrai que ce n'est pas si fréquent de réussir à en parler de manière sérieuse. Pour autant, j'y vois aussi un symptôme. Celui de la sexualisation forcenée qui prévaut dans les relations hétérosexuelles au sein de ma génération. Et d'un présupposé central : un couple doit avoir des relations sexuelles régulières, si ce n'est soutenues. C'est un marqueur important encore aujourd'hui. Et dans cette représentation du couple, la femme doit continuer à jouer un rôle actif. Quels que soient l'âge et le nombre d'années de vie commune. Mon compagnon et ses amis ont-ils abordé le problème de leur désir à eux ? Ont-ils été plus loin que le fait qu'ils déplorent que leur femme ait moins envie qu'avant de faire l'amour ? Ont-ils abordé leurs éventuelles difficultés à avoir une érection ?

En tout cas, ce n'est pas ce qui m'a été rapporté. Car le sujet est tabou. Et le tabou ce n'est pas le sexe, ça, les blagues sont là pour nous le rappeler jusqu'à l'écœurement, non, le tabou c'est le désir et ses effets sur la vie sexuelle.

Même nous, les femmes, habituées que nous sommes à ce que notre corps change au gré de la vie de nos hormones, nous abordons peu, même entre amies, les problèmes que peut engendrer le passage de la ménopause. Pourtant, les effets de l'âge sont connus : sécheresse vaginale, douleurs et irritations pendant la pénétration... Mais ce n'est qu'avec des ami(e)s très intimes que ces questions-là sont abordées. Et c'est vital de pouvoir comparer pour se rendre compte que ce sont des phénomènes ressentis par d'autres et tout à fait surmontables.

Il n'est pas non plus facile d'en parler au sein du couple, alors que ce sujet est, selon moi, un des grands défis du vieillissement : trouver un ou une partenaire pour qui notre corps reste toujours un terrain d'aventures. Avec mon compagnon, nous nous sommes connus quand nous avions vingt-cinq ans. Nous avions passé un week-end passionné lors d'une fête d'anniversaire qui fut une parenthèse enchantée. Mais, en ce temps-là, j'étais engagée avec quelqu'un d'autre, je vivais dans une grande ville et rêvais de rejoindre Paris. Lui vivait en Dordogne et, à l'époque, les concessions n'étaient pas, pour moi, une option de vie. J'ai donc choisi de ne pas donner suite même s'il occupait mes pensées. Je prenais souvent de ses nouvelles, et le croisais à différentes occasions. J'ai finalement eu la chance de le retrouver dix-huit ans plus tard. J'ai quitté le père de ma fille pour lui. C'est dire que j'avais envie de reprendre notre histoire là où je l'avais laissée !

Aujourd'hui, nous avons déjà pas mal vieilli ensemble. Il était là quand j'ai eu mon cancer et que mon corps a subi cette amputation dont j'ai déjà parlé. Il a su être à mes côtés avec patience et délicatesse. Évidemment, il y a vingt ans de cela et alors que nous venions de nous retrouver, nous étions très amoureux. Cependant, il a sû me montrer que mes changements physiques ne le rebutaient pas. Beaucoup de femmes sont quittées par leur conjoint, mari ou petit ami quand la maladie les frappe. Même si ce sont elles qui peuvent aussi prendre l'initiative de la séparation, une étude publiée par la revue *Cancer* en 2009 et reprise dans un article du journal *Le Monde* le 22 septembre 2024 montre que, « *face au diagnostic d'un cancer, une femme a six fois plus de risques de connaître une rupture qu'un homme dans la même situation. Pour en arriver à ces conclusions, les chercheurs ont suivi pendant deux ans, aux États-Unis, plusieurs couples dont l'un des membres venait d'être diagnostiqué. À l'issue de cette observation, ils ont constaté que le taux de séparation s'élevait à 20,8 %*

lorsque la femme était malade, contre 2,9 % lorsque le patient était l'homme. » Une autre étude américaine, publiée en 2015 dans le *Journal of Health and Social Behavior,* conclut à des résultats similaires.

Nous avons passé cette épreuve sans rupture. Et depuis ma maladie, nous nous regardons vieillir avec indulgence. Et je trouve que, dans notre cas, rester longtemps ensemble est un atout sur le plan de la sexualité. Je me sens en confiance. Je sais qu'il est plutôt bienveillant par rapport à beaucoup d'hommes de notre entourage qui n'ont pas toujours des mots très valorisants envers leurs compagnes.

Pour autant, le dialogue sur la vieillesse, la perte de libido, les rides, les mille maux liés à l'âge ne sont pas forcément ce que nous partageons le mieux avec nos conjoints. Les meilleures confidentes sur le sujet sont les amies qui sont en couple. Mes copines célibataires, et elles sont nombreuses, le relèguent plutôt à l'arrière-plan, surtout face à une personne en couple. La plupart d'entre elles n'en parlent jamais, en tout cas, pas en ma présence. Quand je leur pose la question, la réponse est la même pour toutes : « *J'ai fait une croix dessus et je suis très bien comme ça. Je n'en ai pas besoin.* » Elles disent se passer de relations sexuelles. L'influenceuse Sophie Fontanel, toujours pionnière, est aussi la première à avoir revendiqué il y a bientôt quinze ans, en plus de ses cheveux blancs, l'abstinence. Elle a publié un livre[13] sur le sujet dans lequel elle raconte comment elle a décidé, un jour, de dire stop ! Elle a vécu

13. *L'Envie*, Robert Laffont, 2011.

cette situation comme une délivrance, un sentiment qu'elle sait difficile à partager :

« *Dans une culture où les êtres humains mourraient plutôt que d'avouer avoir eu, à un stade de leur histoire, une lassitude sexuelle.* »

Quitte à choquer, elle affirme que cette période « de répit » l'a rendue heureuse. En décembre 2024, elle explique dans le podcast *@inpowerpodcast* de Louise Aubery que la sexualité a été un de ses premiers affranchissements. Elle raconte s'être « emmerdée » au lit avec son amoureux quand elle avait vingt-sept ans. Même quand il y avait du plaisir. Elle a pensé que le jeu n'en valait pas la chandelle et elle a quitté cet homme. Mais dans le milieu de la mode où elle évoluait à l'époque, et très exposée médiatiquement comme elle l'était déjà, les réactions ont été à la hauteur du tabou qu'elle avait brisé. Érigée en symbole des renonçants sexuels, accusée de détester les hommes, elle a dû faire face à une campagne violente, à croire que choisir de renoncer au sexe serait, comme elle l'a constaté elle-même, « *la pire insubordination de notre époque !* ».

Il me semble que les femmes de ma génération, les premières à avoir bénéficié de la liberté sexuelle octroyée par la généralisation de la pilule, n'ont envisagé qu'après coup les effets de cette libération sur leurs relations amoureuses. Est-ce que ça ne faisait que faciliter leur propre liberté ou est-ce que ça n'a pas aussi permis aux hommes de pratiquer l'acte sexuel en se posant encore moins de questions qu'avant ? Faire l'amour était un nouveau droit dont il fallait profiter, l'époque n'était pas à la remise en question. Puis, l'apparition du sida a terrifié le monde entier et ce n'est que bien plus tard que la question des violences et des abus sexuels a émergé. Aujourd'hui, la position de Sophie Fontanel serait sûrement bien mieux comprise. Une enquête récente de l'Inserm[14] constate, chez les femmes, depuis 2006, une diminution de la fréquence des rapports sexuels acceptés pour faire plaisir à son ou sa partenaire sans en avoir vraiment envie soi-même. Et il semble que l'absence d'activité sexuelle soit vécue de manière moins problématique qu'autrefois chez les plus jeunes. Aujourd'hui, elles revendiquent donc de pouvoir choisir d'avoir ou non des relations sexuelles et ça tombe bien, car, avec l'âge, nous devenons souvent beaucoup plus exigeantes.

Le défi du plaisir

« Belle est la chance
d'aller jusqu'au bout du jeu
Entouré d'enfance
Tel est mon vœu
Le jeu avance
Mais senior, j'adore
J'adore »

Catherine Ringer

14. Enquête CSF-2023 Inserm-ANRS-MIE 13 novembre 2024.

Marie-Hélène, une de mes deux amies veuves, a vécu près de trente ans avec Gérard, son mari, mort en 2016. Aujourd'hui, elle a du mal à rencontrer quelqu'un, car elle espère retrouver la complicité qu'elle dit avoir connue avec lui. Et c'est là pour elle, toute la difficulté : éprouver suffisamment de sentiment ou d'attrait pour quelqu'un afin que le sexe ne soit pas ennuyeux, voire pire, inutile. Mon autre amie veuve, Cathy, qui a perdu son mari Fabrice en 2011, a, elle, au contraire, cru que le sexe serait une façon de renaître de son deuil.

Elle dit que c'était presque « vital ». Elle raconte dans mon podcast « *J'avais l'instinct de vie qui descendait, qui baissait, qui baissait… Comme sur une pente.* » Alors, elle s'est jetée, à corps perdu, dans une relation avec un homme qu'elle avait fréquenté à l'adolescence et qu'elle avait donc l'impression de connaître. Mais elle s'est finalement rendu compte que ce qu'il lui apportait n'était pas du tout satisfaisant. Comme elle s'efforçait de ne pas le comparer avec son époux défunt, pour qui elle avait ressenti une véritable passion, elle est restée plusieurs années avec lui sans vouloir voir tout ce qui dysfonctionnait, avant de comprendre, qu'au contraire, cette relation était mortifère et qu'elle la subissait. Que le sexe devenait pour elle une contrainte, voire une épreuve. Elle a fini par accepter l'idée, après sa rupture, qu'elle n'avait pas besoin d'un homme pour éprouver à nouveau du désir. Rejoignant la cohorte de mes amies qui revendiquent pouvoir et vouloir rester seule, elle est maintenant installée dans une vie solitaire, dans laquelle ses enfants, ses amis et les voyages suffisent à son bonheur.

Cependant, l'histoire de mon amie Cathy ne s'arrête pas là. Alors qu'elle pensait ne plus jamais avoir à séduire ou être séduite, cette dernière a sympathisé avec son voisin agriculteur. Un homme beaucoup plus jeune qu'elle. trente-six ans contre soixante pour elle. Dans mon podcast *Vieilles !*[15] elle raconte : « *J'allais régulièrement au cinéma avec lui. Je l'ai repoussé la première fois quand il m'a dit qu'il me trouvait séduisante et qu'il était prêt à avoir une relation avec moi. Et après, c'est moi qui lui ai dit est-ce que tu veux revenir au cinéma ? Et il est revenu et il attendait que ça ! Donc, c'est une relation assez physique, parce qu'il est jeune. Un jeune a quand même plus de vigueur. Mais je revis aussi. J'ai retrouvé quelque chose de ce que j'avais vécu avec Fabrice. Tout revient. Parce que dans les bras de cet homme jeune de trente-six ans, je retrouve Fabrice quand je l'ai connu. C'est peut-être la façon d'aborder les choses avec lui qui me rappelle ce que j'ai vécu jeune.* »

Le désir est donc revenu à un moment où elle avait fait une croix dessus et où elle se croyait à l'abri du tumulte des corps. C'est comme si cette histoire la réveillait, alors qu'en réalité elle ne fait que la rajeunir. Cela nous prouve que la libido et le désir ne meurent pas, contrairement à ce que nous pensons, lors de notre avancée dans l'âge. Cette idée reçue est symptomatique de l'erreur que nous pouvons faire en pensant qu'à 60 ans

15. Disponible sur Slate.fr.

ou plus, il ne nous arrivera plus rien. Que nous avons « passé l'âge » !

Avec cette romance, Cathy découvre une autre facette des désagréments liés au vieillissement. En rendant publique sa liaison, elle s'est exposée au regard des autres, et, en premier lieu, à celui de ses deux enfants : l'aîné est âgé de trente-trois ans, son frère de trente. Elle pensait ne pas pouvoir leur dire, redoutant que ces derniers soient choqués de la différence d'âge entre elle et son nouveau compagnon. Alors qu'elle s'apprêtait à vivre sa relation clandestinement, elle leur a finalement confié son histoire, lors d'un voyage qu'ils faisaient tous les trois. Elle a été très heureuse de constater qu'ils ont réagi beaucoup mieux qu'elle ne le pensait. Et même si elle ne fait pas entrer son compagnon dans la famille, elle n'est pas obligée de se cacher. Au-delà de ses enfants, dont elle a pu ainsi constater la bienveillance, son histoire avec un homme jeune la confronte à une forme de vindicte populaire qui veut qu'il y ait quelque chose d'interdit et de sulfureux pour une femme de soixante ans de coucher avec un homme beaucoup plus jeune qu'elle. La relation de Brigitte et Emmanuel Macron n'a pas suffi à changer le regard sur ce type de situation. Et même si, en l'occurrence dans le cas de Cathy, l'homme est proche de la quarantaine, la différence d'âge, dans ce sens-là, est encore considérée comme quelque chose de malsain.

En fait, mon amie, sans le savoir, cumule plusieurs des critères rattachés à la figure de la « sorcière » telle que la définit Mona Chollet[16], journaliste… Elle y explique que « *la sorcière est un condensé de tout ce qui dérange chez les femmes* » : vieillir ou avancer dans l'âge, se trouver veuve, rester indépendante, mais encore avoir un chat, conserver ses quelques cheveux blancs et séduire un homme plus jeune sans s'en cacher. En résumé, mon amie cumule les critères de la sorcière insatiable !

Dans ce contexte, il n'est pas étonnant que la sexualité des vieux répugne. Dans son ouvrage sur la sexualité des seniors[17], Marie de Hennezel avance qu'effectivement, le principal obstacle rencontré par les parents « âgés » face à la sexualité vient des enfants. Elle raconte souvent cette anecdote pour traduire ce blocage culturel : alors qu'elle avait écrit un essai intitulé *Sex and sixties,* quelqu'un lui rapporte qu'un lecteur âgé avait été obligé de le cacher dans sa table de nuit par peur que ses enfants ne le découvrent ! Quand le livre est paru en édition de poche, elle a préféré changer le titre en *L'âge, le désir et l'amour*[18], à la suite de quoi il s'est vendu comme des petits pains ! Moralité : cachez ce sexe que la société ne saurait voir. Pourtant la vie sexuelle ne s'éteint pas avec l'âge.

Dans la dernière enquête *Contexte des Sexualités en France*[19], on apprend qu'en 2023, 56,6 % des femmes et 73,8 % des hommes de plus de cinquante ans ont eu

---

16. Mona Chollet est journaliste au *Monde diplomatique* et auteure du livre *Sorcières. La puissance invaincue des femmes,* La Découverte, 2018.
17. *Et si vieillir libérait la tendresse,* Marie de Hennezel et Philippe Gutton, In Press, Old'up, 2019.
18. Pocket, 2016.
19. CSF-2023 INSERM-ANRS-MIE parue le 13 novembre 2023.

une activité sexuelle dans les douze derniers mois. Ce résultat est plus élevé chez les personnes en couple 77,2 % et 84,9 %. Des chiffres qui battent en brèche notre façon d'appréhender la sexualité des plus âgés. Mais cette vision des vieux « qui ne désireraient plus » n'est finalement qu'une continuité de la place qu'on leur accorde dans la société. Ces derniers nous renvoient à nos propres défaillances. Au mieux on ignore leurs amours, au pire on déprécie la qualité de la relation quand ils en vivent une.

Les corps vieillissants ne sont jamais érotisés ni même esthétisés. Il y a tellement de représentations illustrant la vieillesse comme une incapacité qu'on finit par s'en persuader. Alors qu'on pourrait considérer que c'est justement le fait de ne plus avoir les mêmes réactions physiologiques qui va rendre la sexualité plus intéressante. Rien n'oblige à continuer à avoir une vie sexuelle, évidemment. Mais, à moins d'avoir une maladie invalidante, elle peut permettre de soutenir l'ego et peut conforter le plaisir de vivre à un moment où, justement, l'ego peut vaciller. Elle peut avoir un impact positif sur notre bien-être psychologique.

L'idée, heureusement, fait son chemin. Et la vie sexuelle des vieux a même été l'objet d'une pièce de théâtre présentée au festival d'Avignon l'année dernière. Le succès a été tel que *La vie secrète des vieux* tourne cette année partout en France. Mohamed El Kathib, par ailleurs documentariste, y met en scène sept personnes âgées, dont certaines ont plus de quatre-vingt-dix ans. Ce ne sont pas des comédiens professionnels et il leur donne la parole pour parler de leur libido. C'est tendre, drôle et parfois un peu trash, mais ça montre que beaucoup d'hommes et de femmes ne renoncent pas à leur désir. Le metteur en scène avait, pendant le Covid, participé à des ateliers artistiques en maisons de retraite d'où étaient sortis des témoignages qui lui ont donné l'idée de ce spectacle. Parmi ces comédiens amateurs, il y a Micheline, quatre-vingts ans, que j'ai pu découvrir dans la première saison du podcast *Même pas mort !*[20] et dans lequel la jeune journaliste Fiona Ipert interroge des personnes âgées sur leur vie intime. Un travail rarement réalisé dans les médias *mainstream* et qui revêt donc un caractère suffisamment exceptionnel pour être pris en compte ici. Micheline s'y livre sans fard pour parler de sa peau, de celle de ses bras qui pend en « chauve-souris » :

« *Je me sens moche, je me sens grosse, mais je ne me sens pas vieille !... Je me rassure parfois en me masturbant, ça me fait plaisir et ça me fait du bien. Et puis je veux me prouver que je ne suis pas morte !... Il faut laisser aux personnes l'illusion qu'elles sont désirables.* »

Ce remarquable travail de recueil de la parole révèle que la sexualité peut prendre d'autres formes quand le corps a du mal à suivre... Finalement, les « vieux » seraient-ils des précurseurs d'une sexualité moins brutale ? D'une sexualité plus partagée, moins fondée sur la domination ? En tout cas, l'âge peut permettre de nous faire déconstruire nos représentations sur la sexualité. Si l'on profitait de ces changements de notre corps et de notre

20. Podcast réalisé pour les Petits frères des pauvres.

désir pour nous réinventer ? Car, après tout, ce que nous vivons dans nos corps à ce moment-là de notre vie est comparable à ce que nous vivons à l'adolescence. À l'inverse, certes, mais parfois avec la même force. Certains parlent de « seniorescence »[21].

La difficulté réside dans le fait que cette réalité n'est pas prise en compte par la société et que l'éducation sexuelle est un sujet encore plus tabou quand on est vieux. Il n'y a aucune éducation sur ce qui change dans notre corps à ce moment-là et à partir de quel moment on doit s'inquiéter de ne plus être ou vivre comme avant.

De ce fait, les problèmes de santé relevant du sexe ou de la sexualité sont davantage négligés par des patients âgés.

L'affaire des viols de Mazan, à ce propos, interroge. Un homme, Dominique Pélicot, a été condamné fin 2024 à vingt ans de prison pour avoir drogué, violé et fait violer sa femme Gisèle pendant de nombreuses années. Cette femme a souffert durant toute cette période de calvaire, de migraines, de catalepsie, sans que personne ne pense à s'intéresser à une éventuelle soumission chimique ! Parce qu'elle était âgée et qu'il ne pouvait pas être envisagé qu'à son âge elle puisse subir des violences sexuelles ?

Il en est de même pour le VIH. D'après Santé publique France, en 2018, 20 % des découvertes de séropositivité concernaient les plus de cinquante ans, avec une

21. *La seniorescence – Quel sens pour cette nouvelle période de vie ?* Jean-François Lambert, Jacques André, 2006.

augmentation significative chez les soixante à soixante-neuf ans. Dans cette même étude, 28 % des cas étaient des contaminations récentes, ce qui prouve une vie sexuelle active. En faisant du sexe un angle mort de la vieillesse, l'âgisme a même des répercussions sur notre santé. Laissons le dernier mot à Micheline, fraîchement comédienne, à quatre-vingts ans, pour une pièce de théâtre, et interrogée par Fiona Ipert :

« *Si on ne pensait pas que les vieux c'est laid ça serait déjà beaucoup mieux !… Faisons ressortir la beauté des vieux et la sexualité viendra peut-être toute seule. Faire ressortir la sexualité dans un tas d'ordures, ça ne va pas arranger la sexualité. Mais il faut que ça bouge ! il faut que les gens aient le droit d'avoir envie ! Ce serait un droit d'être différent, d'être beau mais pas comme la beauté de tout le monde !* »

4

L'ARGENT FAIT LE BONHEUR !

En me posant toutes ces questions sur l'âge, le désir, la sexualité, la manière de vivre sa retraite, une évidence m'est revenue en tête : le fait que pour pouvoir exercer sa liberté, il vaut mieux en avoir les moyens matériels. C'est vrai tout au long de la vie, mais cette réalité se ressent de manière plus prégnante avec l'âge, car nous avons désormais tout notre temps pour pratiquer des activités qui pour la plupart ont un coup financier. Le temps libre coûte cher ! Alors bien sûr, les chiffres montrent que le niveau de vie des retraités est très légèrement supérieur à celui de l'ensemble de la population. En 2017, selon l'enquête Revenus fiscaux et sociaux de l'Insee, leur revenu médian était de 1 850 euros par mois contre 1 730 euros par mois pour l'ensemble de la population. L'immobilier y est pour beaucoup, les crédits étant plus souvent payés quand on arrive à l'âge de la retraite. Mais depuis 2017, il ne cesse de baisser. Et cette tendance devrait s'amplifier dans les années à venir. Et très concrètement, je l'expérimente personnellement, ce n'est donc pas un « ressenti » comme on le dit pour la météo, une fois à la retraite, nos revenus diminuent. En moyenne, les pensions ne représentent plus que 75 % du revenu qu'on percevait en travaillant. Les retraités subissent donc une diminution du pouvoir d'achat par rapport à leur période d'activité. Très vite, l'idée de manquer d'argent s'est mise à traverser régulièrement mon esprit. Pourtant j'ai une pension de retraite confortable, mais l'avenir me paraît beaucoup plus incertain que quand j'étais plus jeune. Il faut dire que ma fille, doctorante, est encore en situation précaire avec un faible revenu et que je ne fais pas bourse commune avec mon compagnon, qui par ailleurs, a un revenu beaucoup plus faible que le mien. Je suis donc encore, en quelque sorte, chef de famille, et la peur de manquer n'a jamais été aussi forte en moi. Comme si le fait de vieillir me plongeait dans l'incertitude du lendemain. Et le fait d'être une femme non mariée n'arrange rien. Nous sommes les moins bien loties.

Vieilles et pas riches !

Mes amies parisiennes vivant seules le savent bien. Nathalie, par exemple, travaille encore en pensant, déjà, à l'après : *« J'ai envie de continuer la vie que j'ai là ! Toujours avec un sac à la main. Mais financièrement est-ce que je pourrai continuer ? Pour l'instant je suis célibataire. Je n'ai jamais été propriétaire mais là j'aimerais bien avoir une maison pour aussi recevoir. La maison pour recevoir les potes et rendre les invitations. Mais ça a un coût que je ne suis pas sûre de pouvoir assumer avec un revenu plus bas. »*

Pour elle, comme pour la plupart de mes anciennes collègues, le salaire, même confortable, n'a pas permis de devenir propriétaire. Ces dernières se situent dans ces niveaux de revenus ne suffisant pas à acquérir, seule, un appartement à Paris. Alors qu'elles aiment toutes voyager, aller au cinéma ou au restaurant, en résumé, profiter de la vie, la plupart d'entre elles se posent naturellement la question de l'adaptation du train de vie la retraite venue.

Pour ma part, si j'ai pu me lancer dans l'achat d'un logement c'est parce que, trente ans auparavant, j'étais en couple avec le père de ma fille, journaliste comme moi et dont le revenu était équivalent au mien, le fait d'être deux nous a permis d'acquérir un appartement à Paris, à crédit, certes, mais plus grand que ce à quoi j'aurais pu prétendre seule. Après la séparation, j'ai pu récupérer la moitié du montant de la vente de l'appartement que nous occupions. J'ai donc eu un apport, même modeste, qui m'a permis de me lancer dans un nouvel achat, et même si je n'ai pas encore fini de payer aujourd'hui le 46 m² que j'occupe, c'est quand même un sérieux avantage me permettant de mieux vivre mes vieux jours. J'ai la chance d'avoir, en plus de mon appartement, une maison dans le sud-ouest léguée par mes parents. Je suis, j'en suis consciente, une privilégiée.

Aline, ma voisine en Dordogne, n'a pas tout à fait eu la même vie que moi. Elle a plus de soixante-dix ans, elle est mariée, très active, et pas du genre à se plaindre alors qu'elle touche moins de 1 000 euros par mois. La faute à l'intérim et aux licenciements qui ont émaillé sa carrière de comptable :

« J'ai eu dix-sept employeurs durant toute ma carrière ! J'ai fait six ans d'intérim et la plus longue période passée dans la même entreprise, c'est quinze ans, à Toulouse. Ça s'est arrêté à cause d'un licenciement économique. Et ça

n'a été que ça. En tout, j'ai subi trois licenciements économiques. Après le premier, j'ai repris mes études. J'ai fait un DUT Gestion PME-PMI alors que je n'avais qu'un CAP de sténodactylo. Je suis donc passée à Bac +2 à plus de trente-trois ans. J'ai passé trois ans à bosser. J'ai pleuré aussi ! C'était dur. Ensuite je suis venue en Périgord pour suivre mon amoureux. Et là, le plus longtemps que je suis restée chez un employeur, c'est huit ans. Ensuite, encore un licenciement économique. Je suis allée travailler dans plusieurs villes du département. Parfois à plus de 40 kilomètres ! À la fin ils me demandaient en plus de faire le service après-vente, pour la modique somme de 1 200 euros ! oui, j'ai beaucoup ramé... »

En écoutant Aline, je prends conscience de la stabilité de mon parcours. Je suis restée trente-huit ans dans la même entreprise et j'ai bénéficié de tous les avantages sociaux d'une grande entreprise publique. Je mesure la chance que j'ai, aujourd'hui, d'avoir une bonne retraite.

Pour Juliette Rennes, sociologue spécialiste du genre et de l'âge, avoir eu une situation professionnelle privilégiée apporte plus que des avantages pécuniaires :

« Ce que l'on peut dire aussi, sur les questions de privilèges, c'est que ce qui s'est passé pour une partie de votre génération qui a exercé des métiers privilégiés c'est que vous avez échappé à certaines dimensions du sexisme auxquelles sont confrontées plus brutalement des femmes dans des milieux moins privilégiés. Ne serait-ce que les tâches domestiques et parentales qui sont plus facilement délégables quand on appartient à un milieu privilégié. Délégable à d'autres femmes. Et dans ce cas-là, les

tensions sur la parité sont un peu étouffées ou mises sous le tapis parce qu'il y a ces ressources économiques qui les rendent moins prégnantes au quotidien. »

Nadine fait partie de ces femmes à qui sont déléguées les tâches domestiques et de soin. Elle a soixante-six ans et elle est aide à domicile. Un travail qu'elle rêve d'arrêter à cause de son corps cassé, mais qu'elle prolonge pour des raisons financières. Elle cumule depuis six ans sa pension de retraite et un salaire à temps partiel comme aide à la personne. Chez les hommes, ce sont plutôt des cadres ou des indépendants qui cumulent emploi et retraite. Souvent par choix, pour maintenir un certain statut social. Chez les femmes non. Une sur deux est ouvrière ou employée, et pour la grande majorité d'entre elles, la raison de leur maintien en activité est économique. Exactement comme pour Nadine :

« *En 75 j'avais à peine dix-sept ans, j'ai été embauchée à l'usine Teton à Saint-Cyprien (Dordogne). J'y suis restée quinze ans. Je travaillais à la chaîne, la couture à la chaîne. Sur des grosses machines. J'ai appris sur le tas. En 1990, j'ai démissionné pour suivre mon concubin. On est partis dans les Hautes-Pyrénées. À Tarbes. Là, je suis tombée enceinte. Puis on est partis à Brive en Corrèze où j'ai accouché. Et puis, malheureusement ou heureusement, je ne sais pas, mon couple n'a pas marché. Je suis revenue en Dordogne toute seule avec mon fils et il a bien fallu que je retrouve du travail. Par hasard j'ai trouvé du travail à domicile et petit à petit je me suis formée pour l'aide à la personne âgée dépendante. J'ai validé mes acquis et je suis devenue assistante de vie. Faut aimer ça. Faut aimer les gens, faut aimer le contact, faut pas compter gagner bien sa vie, mais le contact en général, j'aime bien ça. Je discute avec eux, ils me racontent leur vie. C'est sympa ! Souvent je suis persuadée qu'on en sait plus que leur propre famille, que leurs propres enfants. Et même parfois, certaines personnes âgées je les sens malheureuses parce que les enfants ne sont pas très présents... Moi ça me fait mal au cœur. C'est un métier plutôt physique. Parce que quand j'étais à temps complet, je pouvais avoir cinq ou six personnes à m'occuper sur une journée. Il faut les manipuler pour la toilette, les mettre au lit ou sur la chaise percée. C'est assez physique, oui. D'ailleurs, maintenant je peux dire que j'ai mal partout ! Le dos, les lombaires, les épaules, les genoux, les hanches... Évidemment ça se voit pas parce que je suis assez volontaire ! Je ne suis pas douillette mais des fois c'était dur ! C'est pour ça que je ne fais qu'un temps partiel. »*

Comme Nadine, 80 % des personnes employées à temps partiel sont des femmes ! C'est une des principales explications à l'écart de revenus dans le monde du travail entre les hommes et les femmes. Dans son livre *Qui a peur des vieilles ?*, la journaliste Marie Charrel a analysé cette différence dans le nombre d'heures travaillées que l'on retrouve même dans les métiers diplômés :

« Il y a le fait que les femmes ont un temps de travail un peu moins grand. Ce ne sont pas que des écarts de salaire à poste égal. C'est aussi en temps de travail. Il y a parfois des progressions de carrière qui sont ralenties parce qu'elles s'occupent des enfants mais pas que. Il y a aussi toute une génération de femmes, la fameuse génération

"sandwich", qui quand elles arrivent à 50, 55 ans doivent prendre soin de leurs parents donc elles vont moins accepter de mobilité géographique. Elles vont pratiquer aussi plus d'autocensure dans leur carrière parce qu'il y a cette charge-là. Il n'y a plus les enfants à charge mais il y a les parents. Donc il y a de nombreux facteurs expliquant que les inégalités de revenus perdurent. Par ailleurs, une grande partie des femmes travaillent dans les métiers estampillés "féminins" du soin (les infirmières, les aides à domicile, etc.) relevant d'emplois moins payés parce qu'on considère encore que le soin, le care *c'est par essence féminin et donc ça a moins de valeur marchande que les compétences en informatiques ! Parce qu'on considère que c'est naturel chez une femme qu'elle s'occupe des enfants, des autres, donc pourquoi payer quelque chose qui est presque "hors marché" puisque c'est naturel ! Ça explique vraiment pourquoi les métiers du* care *sont moins bien payés alors que si on est bête et méchant et qu'on regarde la loi économique de l'offre et de la demande, quand il y a une pénurie dans certains profils comme les ingénieurs ou les développeurs, les salaires augmentent ! Eh bien dans le soin ça ne fonctionne pas de cette manière. Par exemple pour les infirmières, la pénurie devrait entraîner une hausse de salaire. Mais ce n'est pas le cas ! Et puis, il y a les inégalités de patrimoine, un autre volet qui commence à être documenté aussi. Il y a des travaux qui montrent que dans la transmission du patrimoine, quand les parents donnent à leurs enfants, ils ne donnent pas la même chose aux filles et aux garçons. Déjà il y a des inégalités à ce niveau-là ! Évidemment la loi dit qu'il faut donner la même chose, mais dans l'activité des notaires,*

on constate qu'on va plutôt donner un commerce, l'activité productive, au garçon et une somme supposée équivalente à la fille. Mais souvent, cette somme est un peu sous-évaluée. Je schématise un peu les choses mais il y a des inégalités déjà dans la transmission. »

Et la journaliste fait référence à un autre ouvrage, celui de Titiou Lecoq : *Le couple et l'argent*[22]. Elle y démontre notamment que déjà, à l'âge de l'argent de poche, les parents vont avoir tendance à donner un peu plus aux garçons qu'aux filles. Selon les deux études qu'elle cite dans son ouvrage[23], le montant de l'argent de poche varie selon les régions et serait deux fois plus élevé en PACA qu'en Bretagne. Quant aux différences de genre, l'argent de poche destiné aux filles serait inférieur de quatre euros en moyenne !

Donc, je n'ai pas rêvé, le rapport à l'argent est très genré. Et l'iniquité commence dès l'enfance. Puis les inégalités petites ou grandes ne font que s'accumuler avec l'âge pour exploser à la retraite !

Le risque de la pauvreté

En France, la retraite moyenne est de 1 674 euros pour les hommes et 1 272 euros pour les femmes. Soit 24 % d'écart ! Et, qui plus est, en comptabilisant les pensions de réversion, c'est-à-dire ce qu'une femme touche au décès de son

22. L'Iconoclaste Coll. 2022

23. 1. Baromètre de Poll&Roll pour Pixpay, *Les Adolescents et l'argent*, 2021. 2. Étude du Teenage Lab de Pixpay, *Argent de poche : les inégalités entre garçons et filles*, 2022.

ou sa partenaire. Car, sans compter ces pensions de réversion, l'écart se creuse. En 2021, selon la DREES, il atteignait 40 % !

Les vieilles sont donc moins riches que les vieux ! Et justement, ça empire en vieillissant ! La Fondation des Femmes a même chiffré l'effet des inégalités. En juin, elle a publié une nouvelle note dans son *Observatoire de l'émancipation économique des femmes*[24]. À travers une analyse inédite des données de l'INSEE, cette note révèle un chiffre choc : entre quarante et soixante ans, une femme perd en moyenne 7 862 € par an, soit 157 245 € sur vingt ans. Un chiffre qui monte à 159 000 € dans le secteur privé. Ce manque à gagner est le fruit d'un double mécanisme : le sexisme et l'âgisme, qui se conjuguent pour exclure progressivement les femmes de la vie économique, au moment même où leurs compétences, leur expérience et leur disponibilité devraient être pleinement valorisées. Passé la quarantaine, les femmes subissent une accumulation d'obstacles structurels : carrières discontinues, métiers dévalorisés, surcharge de soins aux proches, temps partiels contraints, plafonds de verre renforcés.

À cela s'ajoute une invisibilisation dans les médias, les entreprises et les politiques publiques. Résultat : 32 % des femmes de plus de cinquante-cinq ans sont « ni en emploi ni en retraite », une zone grise où elles sont trop jeunes pour toucher leur pension, mais déjà exclues du marché du travail. Elles sont donc les premières victimes

24. Avec le soutien du Crédit Municipal de Paris, rédigée par Laetitia Vitaud, en partenariat avec la newsletter ViveS Média.

de la précarité. Selon l'Insee, en 2018 le taux de pauvreté était de 8,7 % pour les femmes âgées de soixante-cinq à soixante-quatorze ans contre 8,2 % pour les hommes, mais passé 75 ans, l'écart se creuse : plus de 10 % pour les femmes (10,1 %) contre 6,6 % « seulement » pour les hommes. Rappelons qu'en France, une personne est considérée sous le seuil de pauvreté monétaire quand elle touche moins de 1 216 euros par mois, ce qui concerne 9,1 millions de Françaises et de Français en 2022 selon l'Insee. Et parmi eux, deux millions de personnes ont plus de soixante ans : 22 % des personnes considérées comme pauvres !

C'est un peu la face cachée de la vieillesse. Ces femmes âgées que personne ne saurait voir... La *silver* économie est tellement plus souvent mise en avant ! Il a fallu que je rencontre Fiona Ipert pour prendre conscience du travail fourni par l'association des Petits Frères des Pauvres. Depuis 1946, cette association accompagne des milliers de personnes âgées, leur évitant de sombrer dans l'isolement induit par leur âge et leurs faibles ressources. Au-delà de cela, ils se révèlent une véritable source d'informations déterminantes pour comprendre la situation des personnes âgées dans notre pays. Leurs données confirment cette féminisation des plus pauvres : parmi les soixante ans et plus, 56 % des bénéficiaires du minimum vieillesse sont des femmes, un chiffre qui augmente proportionnellement au fil des ans. Le minimum vieillesse est de 1 012 euros par mois et 2 centimes pour une personne seule, un montant sous le seuil de pauvreté démontrant que les aides ne suffisent pas toujours à bien vivre. Par ailleurs, cette aide requiert d'être âgé, au minimum de soixante-cinq ans et, comme de nombreuses aides, elle est « familialisée », donc conditionnée selon l'ensemble des revenus du foyer. Si vous vivez avec quelqu'un qui perçoit une retraite moyenne alors que vous-même ne percevez aucun revenu, vous ne pouvez y prétendre. Et là encore, ce sont les femmes, dont les retraites sont déjà bien plus faibles que celles des hommes, qui en pâtissent, désavantagées par le fait de ne pas avoir un droit qui leur est propre.

Dans leur rapport intitulé Vivre sous le seuil de pauvreté quand on a 60 ans et plus[25], l'association des Petits Frères des Pauvres montre sur une durée de dix ans la manière dont le taux de personnes en situation de pauvreté âgées de soixante à soixante-quatorze ans a quasiment doublé, passant de 5,4 % en 2012 à 10,6 % en 2022 ! *« La situation a commencé à se dégrader en 2018 et s'est aggravée avec la crise sanitaire en 2020 et la crise inflationniste que l'on traverse encore aujourd'hui »*, détaille Quentin Llewellyn, directeur de l'étude CSA, inclue dans le rapport.

Et la pauvreté est multidimensionnelle. Elle peut, bien sûr, être directement liée à un manque de moyens, mais elle peut également toucher des personnes qui ont un peu de ressources et qui ne parviennent pas à équilibrer leurs dépenses. Et l'âge est une circonstance aggravante en matière de précarité. D'abord à cause de la stagnation des revenus. Une fois à la retraite, vous ne pouvez plus améliorer votre situation économique. Votre pension, contrairement à votre salaire, ne connaîtra pas de « coup

25. Paru en octobre 2024.

de pouce » lié à votre mérite, vous n'aurez aucune chance de percevoir une prime ou de toucher une augmentation conséquente ! Alors, face aux aléas de la vie, il n'y a pas d'autres solutions que de diminuer ses dépenses. Autre désavantage lié à l'âge, les risques de tomber malade augmentent et avec eux le prix des complémentaires santé. Elles représententent en moyenne un budget de 150 euros par mois après soixante-quinze ans, et l'employeur n'est plus là pour en prendre en charge la moitié. Résultat, un retraité sur deux y renoncerait, soit deux fois plus que l'ensemble de la population !

Pour couronner le tout, les femmes subissent un handicap supplémentaire : le système de la décote qui s'applique lorsque vous n'avez pas une carrière complète, pénalisant le montant de votre retraite. Pour ne pas le subir, vous devez attendre vos soixante-sept ans pour partir en retraite. Et statistiquement, ce sont le plus souvent des femmes qui sont dans cette situation de carrière incomplète, sachant que la grande majorité d'entre elles n'ont déjà plus d'emploi avant d'atteindre cet âge de soixante-sept ans ! Elles sont donc obligées de vivre sur leurs économies ou sur le revenu du conjoint, quand il y en a un. Ce système de décote, créé au départ, pour inciter à une durée de travail plus longue, génère, en réalité, beaucoup de précarité, en pénalisant surtout les personnes âgées aux revenus les plus modestes et les carrières les plus difficiles.

L'association des Petits Frères des Pauvres a alors établi un profil type de la personne âgée isolée. Et sans surprise... Il s'agit d'une femme, vivant seule, de quatre-vingt-cinq ans et plus, avec de faibles ressources !

Heureusement la précarité ne conduit pas toujours à l'isolement. Et je vais revenir une nouvelle fois aux témoignages recueillis dans le podcast *Même pas mort !* par Fiona Ipert pour les Petits Frères des Pauvres justement. Elle y fait parler des personnes âgées qui ont choisi l'engagement, la débrouille ou le rire pour fuir l'apitoiement. C'est le cas d'Adolpha[26], âgée de soixante-seize ans. Lilloise, elle partage un appartement avec un de ses fils et mène une vie tranquille sans beaucoup d'argent. Elle adore chanter, rire et dessiner. Et pourtant ! Elle a subi des violences sexuelles de la part de son père, le désamour de sa mère, la vie dans la rue, des mariages ratés et des violences conjugales qui l'ont conduite au pire : tuer son compagnon pour sauver la vie de son fils. Elle a fait de la prison où elle s'est mise à écrire un livre sur sa vie qui a donné lieu à un spectacle avec Corinne Masiero[27]. Pendant que la comédienne lisait le texte, elle chantait. En 2019 elle décroche même un rôle au cinéma, encore aux côtés de Corinne Masiero dans *Les invisibles*, une comédie de Louis-Julien Petit sortie en 2019 sur les femmes SDF en réinsertion dans laquelle la question de la précarité est centrale. Sa petite notoriété ne change rien à sa nature, mais lui a permis de sortir un peu de la solitude dans laquelle la vieillesse enferme. Dans le podcast, elle raconte son quotidien : « *Je dors beaucoup. Parce que j'en ai besoin. J'ai pas dormi beaucoup dans*

26. Dans l'épisode 2 de la saison 3 (14 octobre 2024)
27. Adolpha Van Meerhaeghe et la compagnie Détournoyment, *Une vie bien Renger.*

ma vie. Quand mon garçon rentre, on discute un petit peu. Ça va, il discute avec moi. Mes loisirs préférés c'est dessiner. Jouer à l'ordinateur. Les jeux sur le téléphone. Ce que je préfère, c'est quand j'ai du monde parce que je peux parler... Comme je suis toujours toute seule, que je peux plus sortir parce que j'ai du mal à marcher... »

Adolpha avec sa gouaille de ch'ti tourne en dérision les épreuves qu'elle a traversées jusqu'à s'habiller en rouge parce que *« c'est la couleur de l'amour et de la joie... et puis, on se fait remarquer ! »* Même si pour cela, elle n'a pas eu besoin de porter des couleurs vives ! Elle a su trouver de la richesse dans les tourments, elle qui a toujours été pauvre. Et en la faisant partager, elle a su sortir de l'isolement et de l'invisibilité.

Pas riches mais... puissantes ?

Bien sûr, on rencontre des célébrités féminines devenues puissantes ! Ces femmes occupent une petite part du classement Forbes des milliardaires. Mais cette part augmente : cette année, 369 des 2 781 milliardaires, soit 13,3 %, sont des femmes, contre 337 en 2023. Leur fortune totale s'élève à près de 1 800 milliards de dollars, soit environ 240 milliards de dollars de plus que l'année dernière. Deux femmes se disputent le titre de « La plus riche du monde » : une Américaine, Alice Watson, l'héritière du fondateur de Walmart, et une Française qui n'est autre que l'héritière de L'Oréal, Françoise Bettencourt Meyers, soixante et onze ans. Sa fortune a augmenté de 19 milliards de dollars au cours des douze derniers mois, ce qui porte sa fortune nette à 99,5 milliards de dollars, soit la plus forte progression de toutes les femmes figurant dans le classement cette année, mais pas encore assez pour faire d'elle la première femme à entrer dans le club des 100 milliards de dollars du classement Forbes !

Ce n'est pas mieux côté bourse. Les femmes sont là aussi à la ramasse. Même s'il n'y en a jamais eu autant au CAC 40… quatre ! Aucune d'entre elles n'est PDG, au mieux seulement directrices générales.

Dans son livre *Le couple et l'argent*[28], Titiou Lecoq rappelle que la bourse et la spéculation leur ont été interdites jusqu'en 1967 (!) soit vingt-trois ans après l'obtention du droit de vote ! C'est dire si pendant longtemps, les femmes n'ont eu aucun pouvoir économique ! Il ne leur restait, pour celles qui en avaient les moyens, que celui d'être des consommatrices, d'autant plus que ce sont elles qui avaient en charge l'intendance des foyers, comme le ravitaillement et les autres tâches domestiques.

Même si, aujourd'hui, les habitudes d'achat se rééquilibrent entre les genres, les femmes (et surtout les vieilles !) restent décisionnaires pour la plupart des dépenses. Il faudra donc compter avec elles. Les soixante ans et plus devraient représenter 24 millions de personnes en France d'ici 2060. Et si les femmes sont majoritaires parmi les soixante-cinq à soixante-neuf ans, elles le sont encore plus après quatre-vingt-quatorze ans (84 %)[29] ! Ce sont donc elles les consommatrices de demain. Une enquête marketing du site Age Economy,

28. L'Iconoclaste, 2022.
29. Bercy Infos, 13 juin 2024.

un portail web destiné aux acteurs du marché des seniors, montre que les femmes de plus de cinquante-cinq ans sont l'un des moteurs les plus importants dans l'économie d'aujourd'hui. Elles influencent 80 à 85 % de toutes les décisions d'achat des consommateurs, qu'elles soient ou non des utilisatrices finales, car elles agissent sur les achats effectués par d'autres générations ; leurs parents vieillissants, leurs enfants et petits-enfants et même leur conjoint. Cela concerne les loisirs, l'automobile, les voyages, l'électronique grand public et les améliorations de l'habitat.

En résumé, elles dépensent généreusement pour ceux qu'elles aiment ! Pas étonnant donc qu'elles soient l'une des cibles privilégiées des annonceurs. L'enjeu, c'est leur participation à la *silver économie* qui pourrait générer un chiffre d'affaires de plus de 130 milliards d'euros à l'horizon 2030 ! Le baromètre de cette influence ? Les réseaux sociaux : Facebook qui attire davantage ma génération, mais surtout Instagram ou TikTok, reflets des tendances actuelles et dans l'air du temps. Sophie Fontanel, dont j'ai déjà parlé à plusieurs reprises, y rassemble près de 500 000 *followers* (comme on les appelle sur le réseau social) ! Ancienne journaliste pour le magazine *Elle* et le *Nouvel Obs*, elle sait capter l'attention et, je dois le reconnaître, j'apprécie de suivre ses pérégrinations esthétiques empreintes de poésie et de légèreté rehaussant les jours moroses.

Dans son sillage sont apparus beaucoup d'autres comptes ouverts par des femmes de mon âge mettant en avant le bien vieillir, comme celui de *Fifty years of woman* sur

Instagram, de son vrai nom Caroline Ida Ours. Pour elle, qui a été salariée pendant vingt-cinq ans, la vie a basculé à cinquante-sept ans à la suite d'une rupture d'anévrisme. Cet épisode lui a permis de jauger les difficultés rencontrées par les femmes de son âge à retrouver une place. Armée de son indéniable aura et de sa longue chevelure argentée, elle est devenue mannequin *silver* pour plusieurs marques de lingerie françaises. Elle a d'abord créé un blog qui a donné lieu à un livre *Génération silver. Sans tabous ni limites*[30] avant de devenir l'une des principales influenceuses seniors. Devenue une icône de la marque de lingerie Darjeeling en 2022, elle s'est retrouvée affichée dans de nombreux lieux publics et compte aujourd'hui 120 000 *followers* sur Instagram. Elle est désormais au centre des stratégies marketing de l'industrie de la mode et des cosmétiques. Qu'une femme de soixante ans devienne l'égérie d'une marque de sous-vêtements, il y a quand même du changement dans l'air !

Même si toutes ne vont pas aussi loin dans l'acceptation de leur image, elles sont quelques-unes, comme elle, à investir les réseaux avec un discours déculpabilisant. Parmi elles, Nicole Tonnelle, soixante-dix ans, suivie par plus de 165 000 personnes sur TikTok, ou encore Natacha Dzikowski également auteure de trois livres sur le bien vieillir[31]. Sur des plateformes digitales qu'on pourrait croire réservées aux Millennials et à la Gen Z, elles produisent du contenu sur l'acceptation des rides, le passage à la ménopause, le maquillage sur peau mature,

30. Kiwi, 20221.

31. *Belle et bien dans son âge, J'ai l'âge que je veux, Osez votre âge, libérez votre puissance*. Leduc, respectivement 2021, 2023, 2024.

le mouvement *body positive*, etc. Et c'est ça le plus important.

Que des femmes aux cheveux blancs soient vues par les générations plus jeunes. Que leur présence soit massive dans l'espace public pour donner une autre image de la « vieille » femme que celle qui prévalait pendant des siècles. On est loin de l'image de la sorcière et d'ailleurs, aujourd'hui, le terme de « sorcière » n'est plus si stigmatisant qu'avant.

Un livre, dont j'ai déjà parlé dans le chapitre précédent, a connu un énorme succès en 2023, *Sorcières, la puissance invaincue des femmes*[32]. Mona Chollet, journaliste pour *Le Monde diplomatique*, y donne une lecture féministe des chasses aux sorcières dans l'histoire. Elle y explique aussi en quoi le terme de « sorcière » peut être positif. Il est d'ailleurs revendiqué depuis les années 1960 par les féministes. Dans les pays anglo-saxons, la sorcellerie a connu un étonnant *revival* avec la wicca, un mouvement spirituel dont le nom vient du vieil anglais *wiccian* qui veut dire ensorceler. Selon sa figure de proue, l'activiste américaine éco-féministe Starhawk, qui a aujourd'hui plus de soixante-dix ans, *« se définir comme sorcière, c'est affirmer le droit des femmes à être puissantes et dangereuses en en faisant des héritières, des guérisseuses, des sages-femmes et de toutes les formes de savoir non approuvées par les autorités »*. Et c'est vrai qu'en investissant les réseaux sociaux, ces nouvelles héroïnes de « l'anti-âgisme » utilisent les réseaux sociaux, le moyen le plus

32. La Découverte, 2018.

puissant actuellement pour se faire remarquer. Leur visibilité en est décuplée.

Sur YouTube, une chaîne, Mesdames media, leur est même consacrée. Avec sa déclinaison sur Instagram animée par Maïtena Biraben. Elle est elle-même auteure de *La femme invisible*[33], consacré à son passage à la cinquantaine. Par des interviews de créatrices, d'auteures, de cheffes d'entreprises, sur sa chaîne, elle met à l'honneur les femmes mûres qui ont fait leur chemin dans toutes sortes de domaines. Elle permet de se rendre compte à quel point, aujourd'hui, des femmes réussissent dans tous les secteurs. Aucun interdit. Et elles assument leur âge et leur expérience, haut et fort. Et moi, j'aime bien l'idée que les femmes qui montrent leur chair, même flétrie, leurs cheveux blancs, leurs rondeurs ou leurs rides, bref, qui se montrent telles qu'elles sont, à plus de cinquante ans, représentent une forme de dangerosité. Qu'elles revendiquent de bien vivre leur âge et qu'elles se posent en exemple les rendent puissantes, ça me plaît bien aussi. Car elles ne peuvent inquiéter que ceux qui pensent que les femmes, surtout vieilles, n'ont plus qu'à se faire oublier.

33. Grasset 2024

5

LE DÉFI DE LA LIBERTÉ

Le jour où j'ai arrêté de travailler !... J'étais contente d'arrêter de travailler ! Hum ! cette première journée, avec ma tablette, mes journaux dans le lit... Ma boss qui m'appelle et qui me dit « *je suis sûre que t'es dans ton lit et que tu lis la presse... en prenant ton café...* » Première de mes amies à avoir fait valoir ses droits à la retraite, elle me faisait rêver en me décrivant cette scène, surtout quand elle ajoutait d'un air gourmand : *« C'est vrai que c'est un bonheur ! »*

Alors quand, à mon tour, j'ai vécu ce premier matin, je reconnais que c'était effectivement un délice ! Carrément un fantasme qui s'accomplissait ! Avoir dans l'idée que ce plaisir va se reproduire aussi souvent qu'on le voudra lui donne encore plus de saveur ! Le luxe d'avoir le temps de ne rien faire... En réalité, c'est ce que j'apprécie dans ma vie d'aujourd'hui : avoir le temps de repousser certaines tâches du quotidien. On peut étaler les obligations sur plusieurs jours, prendre les rendez-vous de façon à ne pas être obligé de mettre le réveil aux aurores ou de courir entre deux métros ou pester dans les embouteillages. Je peux me permettre de « perdre du temps » parce que justement, j'en ai plus qu'avant. Je partage donc, moi aussi, les plaisirs du matin où l'on se rendort. Je traîne dans mon lit et j'ai rarement connu meilleure sensation ! Savoir que le monde vaque à ses occupations et que je n'ai aucune injonction à faire de même est un véritable plaisir ! J'ai la chance de m'être assez bien habituée à ce nouveau privilège. Je me sens libre et j'ai la chance d'être plutôt en forme, comme c'est le cas pour la plupart des personnes de mon âge. Aujourd'hui, seuls 8 % des plus de soixante ans sont dépendants, et 20 % le sont pour les plus de quatre-vingts ans… Cela signifie que la très grande majorité des vieux va plutôt bien ! Et c'est un peu le changement majeur et marquant de notre génération. Pouvoir, pour une grande majorité d'entre nous, vieillir en bonne santé. Et pour une fois, nous, les femmes, prenons l'avantage. Car nous pouvons en profiter plus longtemps !

Au cours du siècle écoulé, notre espérance de vie est passée d'une moyenne de quarante-huit à un peu plusde quatre-vingt-deux ans ; elle est significativement plus élevée que celle des hommes. Dans son livre, *Les flamboyantes*, Charlotte Montpezat note ce changement profond. Interrogée pour mon podcast elle explique comment nous pouvons en tirer profit :

« *Les femmes de cinquante, soixante, soixante-dix et même plus sont encore extrêmement actives, donc là aussi on a quelque chose de nouveau… Entre le moment où Simone de Beauvoir s'estime vieille, à cinquante-quatre ans, et aujourd'hui, les Françaises ont gagné vingt ans d'espérance de vie. Mon postulat est que ces vingt années ne s'ajoutent pas en fin de vie, mais se glissent plutôt entre quarante-cinq et soixante-cinq, ou cinquante et soixante-dix, ouvrant un nouvel espace de temps, il nous appartient de l'habiter. Entre cinquante et soixante ans. Et ça tombe bien parce qu'on va vraiment pouvoir en profiter, et en faire quelque chose ! »*

Elle appelle ces années gagnées « le nouvel âge ». Et c'est plutôt une bonne nouvelle. Mais cette perspective d'un avenir radieux à durée limitée ne doit pas devenir une injonction au bonheur. Il ne faut pas se dire que ces années doivent être belles et pleines de projets, mais simplement se dire qu'elles peuvent l'être ! L'idée d'être à la fois heureuse, belle, dynamique, bienveillante, impliquée, aimante, désirable, tout en vieillissant est bien évidemment un objectif inatteignable. Il peut même se transformer en véritable enfer pour les sexagénaires que nous sommes devenues. Alors il faut l'aborder en lâchant prise. En n'ayant pas peur des paradoxes. Après celui d'être vieille mais libre, il faut accepter celui d'être « amochie » mais heureuse. Et ce nouveau défi rend cet âge de la vie aussi incertain que passionnant.

Le nouvel âge

Certaines profitent de ce nouvel âge très vite et facilement. C'est le cas de mon amie Catherine. Je la retrouve auprès de ses chevaux, dans les prés qui entourent sa maison. Inimaginable quand nous nous sommes connues, il y a trente ans ! Nos filles étaient à la maternelle ensemble et nous avons sympathisé, toutes deux mamans les plus rock and roll de l'école. Nous nous sommes épaulées pendant nos séparations respectives et, ensemble, nous avons affronté les hauts et les bas de nos vies de mamans solos.

Je n'aurais jamais pensé qu'un jour elle plaquerait tout ! Et pourtant, cette ancienne commandante de police très active adorant les fringues et la fête, a complètement changé de vie une fois à la retraite, quittant tout pour partir élever des chevaux :

« Je ne vais quasiment plus jamais à Paris, je vis à la campagne, dans la nature. C'est un plaisir de tous les jours. Je me lève à six heures parce que je suis réveillée, pas parce que je mets le réveil ! Et tout de suite je vais voir mes chevaux. Là en ce moment, comme il commence à faire beau, à six heures du matin ils sont en train de jouer. De m'attendre. Ils hennissent quand j'arrive... C'est quand même des compagnons car ils ont besoin d'interactions avec l'humain, mais il faut être prête à vivre la solitude, le climat normand, la pluie, parce qu'il y a quand même des semaines entières où les seules personnes à qui je parle ce sont la factrice et le livreur Amazon. Il n'y a pas une vie sociale, on ne se fait pas d'amis quand on débarque dans une région rurale du jour au lendemain quand on ne connaît personne, ça ce n'est pas vrai ! Moi la chance c'est que j'ai choisi d'aller pas trop loin de Paris pour continuer à voir mes amis, ma famille, ma fille, mon copain, donc j'ai quand même du monde à la maison régulièrement, mais une semaine entière, je peux ne voir personne, à part mes chevaux. Ça a été presque une délivrance. Parce que dans mon métier, quand on vieillit c'est dur. Et à un certain âge, c'est plus fait pour nous. Donc, ça a été une deuxième vie. Voilà. Moi j'ai complètement tourné le dos à ma vie

d'avant et j'en suis très heureuse ! Je suis mille fois plus heureuse qu'à l'âge de trente ans ! Et surtout, je ne referais pas la même vie ! Sur la condition qui m'était faite en tant que femme, mais aussi pour moi. Pour ce dont j'ai réellement envie. Est-ce que c'est important de réussir dans un milieu d'hommes ? Est-ce que je n'aurais pas pu trouver une autre vie qui m'épanouisse autant ? Même si la police a beaucoup changé, ce n'est plus la même qu'il y a quarante ans, je ne pense pas que je referais le même métier. Ce qu'il faut regarder c'est toujours ce qu'il y a devant. Il n'y a plus tellement d'années devant nous, de bonnes années en bonne santé, donc il ne faut pas les gâcher. Il ne faut pas déprimer parce qu'on part en retraite, au contraire ! »

Quand je lui demande si elle se sent plus libre, elle me répond sans hésiter « *Oui* ! *Parce qu'avant je pensais, je m'imaginais être libre, mais en fait je n'étais pas libre, bien sûr que non* ! »

Si elle a eu la chance de trouver par elle-même une voie qui lui est propre et qui va faire de sa vieillesse une aventure, tout le monde n'a pas cette facilité. Pour se faire aider, en plus d'un travail personnel auprès d'un psy, par exemple, il existe des séminaires pour, je dirais, « apprendre à vieillir ». Marie de Hennezel[34], en anime quelques-uns. Je me suis alors rendue à la projection d'un documentaire *Le sens de l'âge*[35] à l'issue duquel elle organisait un débat. J'y ai rencontré de nombreuses personnes issues de la culture ou des médias, toutes

34. Psychologue et auteure.
35. Réalisé par Ludovic Virot, 2011.

retraitées bien sûr, et essentiellement, des femmes. Peut-être que les hommes ne ressentent pas ce besoin de réfléchir à l'avancée en âge, supposant, qu'ils savent... Trois d'entre elles ont accepté de me raconter pourquoi elles sont très désireuses de bien vieillir. Pour Marie-Françoise, qui a plus de soixante-dix ans, il est question d'un engagement de jeunesse :

« *Je me le suis juré, autour de quatorze, quinze ans. Quand je voyais ma grand-mère qui était en super forme, je me disais que j'avais vachement envie de finir comme ça ! Et quand elle avait cent quatre ans, moi j'en avais cinquante-quatre ! Et pour l'instant j'y arrive. Faut dire aussi et ça je n'y suis pour rien, j'ai la chance d'avoir une excellente santé !* » Pour Anne, septuagénaire elle aussi, c'est au contraire, l'envie de ne pas faire comme les autres : « *C'est à l'âge de trente ans que j'ai décidé que je ferai une belle vieille alors j'ai pris les moyens pour ça en faisant du yoga depuis longtemps et en le transmettant maintenant. C'est peut-être parce que j'entendais autour de moi des personnes âgées qui geignaient. Elles étaient mal. Mes grands-parents maternels en particulier qui vivaient à côté de chez nous, étaient pleins d'arthrose. Ils n'avaient pas pris soin de leur physique. Ce n'était pas de leur génération, pas de leur monde non plus. C'étaient plutôt des grands intellectuels. Et moi je me suis dit, au contraire que, quand même, ma carcasse, il faut que j'en fasse quelque chose et qu'elle n'encombre pas les autres.* »

Pour Cam, soixante-six ans, bien vieillir offre une vie supplémentaire :

« Moi, je ne vois pas pourquoi on doit se prendre pour des vieilles tout de suite ! La retraite ou la vieillesse, j'ai pas peur en fait. J'ai pas peur de vieillir, mais ce dont j'ai peur c'est que d'un coup on se laisse aller. Intellectuellement, physiquement. Et c'est pour ça, que je me suis préparée, très tôt aussi. Depuis trois ans que je suis à la retraite je m'organise pour utiliser mon temps à faire autre chose que ce que je faisais pendant vingt-cinq ans. Je suis arrivée en France du Vietnam en 86. À la retraite je suis revenue à mon premier métier qui était l'écriture parce que cette activité-là, je n'ai pas besoin de l'arrêter avec l'âge en fait ! »

Toutes les trois rayonnent. Il émane d'elles une grande sérénité. Anne le confirme :

« Je me trouve pas mal et j'ai l'impression qu'avec l'âge, je rajeunis dans ma tête et que mon cœur se rafraîchit ! Parce que, à vingt ans, j'étais vieille ! C'était terrible. Quand j'étais plus jeune et que je vivais à Rome, j'étais encore prise dans tous les carcans familiaux, ou sociaux, religieux et autres. J'ai commencé à me libérer de ça progressivement et c'est vraiment maintenant que je vois encore beaucoup de possibles... possibles ! »

Pour Marie-Françoise il y a du bonheur dans l'âge et ça s'apprend : *« Par la force des choses, on apprend puisqu'on ne l'était pas avant ! Donc c'est une espèce d'apprentissage au jour le jour. Mais je n'ai pas le sentiment d'entrer dans quelque chose de complètement nouveau. Ce qui était prégnant dans les autres âges de la vie, en tout cas dans le milieu professionnel, c'était l'urgence et la nécessité ou l'ordre d'être productif et efficace. Or, ce qui est génial depuis que je suis en retraite c'est que c'est moi qui crée mon efficacité et plus personne ne m'ennuie avec ça. Et ça c'est formidable ! L'absence totale de pression. Aucune obligation, de rien du tout. Je n'ai pas envie je le fais pas. Celui-là il m'ennuie, je le quitte ! C'est la revanche sur la charge mentale en quelque sorte ! »*

Pour autant, cette célébration du temps libre ne parle pas à tout le monde. Car elle suppose une parfaite maîtrise de sa vie. Et pour cela, il faut, bien sûr, d'abord une bonne santé, mais aussi les moyens financiers de faire ce dont on a envie[36]. Ce n'est malheureusement pas qu'une question de volonté. La sociologue Juliette Rennes, spécialiste des questions du genre et de l'âge, explique bien comment, au contraire, vieillir dans de bonnes conditions est un objectif trop souvent inatteignable :

« *Bien vieillir c'est effectivement aussi une question de ressources tout au long de la vie. À la fois du métier exercé, des ressources économiques et des conditions de vie. Il a été théorisé par certains gérontologues ou par certains experts des politiques publiques qu'il fallait faire de la prévention et qu'une manière de lutter contre l'âgisme et la dépendance, puisqu'il y avait ces deux choses qui étaient pensées ensemble, c'était de promouvoir des normes du "bien vieillir" et donc tout un tas de pratiques de santé, qui évidemment sont tout à fait importantes et louables, mais qui présupposent parfois que tout le monde est égal dans la possibilité de répondre à ces normes. Et on voit bien qu'il y a une telle inégalité sociale de l'ensemble des parcours de vie et professionnels que certains*

36. Voir chapitre précédent.

groupes sociaux sont beaucoup plus pénalisés dans la possibilité d'accomplir ces normes, puisqu'il faut avoir exercé un métier qui nous permet d'être encore en forme et puis avoir les moyens financiers de bien s'alimenter. Tous ces éléments-là ont été critiqués par des sociologues parce qu'ils donnent une vision un peu trop individualiste de la vieillesse c'est-à-dire qu'au fond ça pourrait laisser entendre que ceux qui vieillissent mal c'est parce qu'ils n'ont pas respecté ce guide des bonnes pratiques et non pas parce qu'il y a des inégalités sociales structurelles qui font que le vieillissement est simplement la conséquence de l'ensemble d'une vie de labeur. »

Bien vieillir n'est donc pas encore donné à tout le monde, mais ce qui est sûr c'est que nous vieillissons en meilleure santé que nos aînés. Tous les ans, la DRESS (Direction de la recherche, des études, de l'évaluation et des statistiques) publie un indicateur, l'espérance de vie sans incapacité. Il correspond au nombre d'années qu'une personne peut espérer vivre sans être limitée par un problème de santé dans les activités de la vie quotidienne. Son dernier rapport[37] nous indique que l'espérance de vie sans incapacité d'une femme de soixante-cinq ans est aujourd'hui de douze ans et pour un homme du même âge de dix ans et demi. Et même si nous restons, en France, en dessous de la moyenne européenne, depuis 2008, nous avons gagné presque deux ans de vie en bonne santé !

Ce décompte des années qui restent, on ne peut s'empêcher de le faire. Même si on le considère du point de

---

[36]. Publié le 31 décembre 2024.

vue positif de la bonne santé, il sera de toute façon moins long que ce que l'on vient de vivre. Alors il ressemble quand même beaucoup à un compte à rebours ! Et l'échéance rend le bonheur indispensable ! On se dit qu'il est impossible de ne pas profiter au mieux des années qui restent !

Cette augmentation du temps de vie sans incapacité relève des progrès de la médecine, et du fait que l'idée du « bien vieillir » s'est imposée. Elle est même devenue politiquement correcte. Cette belle aspiration, installée aujourd'hui comme consensuelle, peut-elle devenir tyrannique en devenant une injonction ? C'est l'idée développée par le sociologue Michel Billé dans son ouvrage *La tyrannie du bienvieillir*[38]. Je l'ai découvert un matin sur France Inter. Il était l'invité de l'émission que j'adore et que je peux désormais écouter : *Grand bien vous fasse !*[39]. Il y expliquait comment cette quête d'une vieillesse idyllique conduit à une normalisation de nos comportements. Pour lui, dans la société actuelle :

« Vous avez le droit de vieillir à condition de rester jeune. Cette injonction est d'un niveau d'absurdité absolument incroyable parce que je ne peux pas vieillir et rester jeune. Je ne peux qu'avancer en âge et vieillir. Autrement ça voudrait dire que vieillir est devenu un terme péjoratif, négatif alors que j'ai la chance de vieillir. Cette chance qui me donne la possibilité d'être en relation avec les gens que j'aime, mais qui leur donne la possibilité d'être en relation avec moi. Et cette chance-là, elle est absolument

38. Érès, 2010.
39. Épisode 2/4 : *Que faire de sa vieillesse après la retraite ?* 7 février 2023.

remarquable, encore faut-il que rien ne vienne la briser et que chacun nous nous en saisissions pour la cultiver. »

Lors de cette émission, lui et Philippe Abastado, auteur du *Petit traité du vieillissement heureux*[40], donnaient des pistes pour rester le plus libre possible dans la manière dont nous vieillissons. Nous affranchir le plus possible du regard des autres et ne pas chercher à « vieillir bien », mais à « aller bien ».

Le temps inversé !

« Je l'aime tant, le temps qui reste...
Je veux rire, courir, pleurer, parler,
Et voir, et croire
Et boire, danser
Crier, manger, nager, bondir, désobéir
J'ai pas fini, j'ai pas fini
Voler, chanter, parti, repartir
Souffrir, aimer
Je l'aime tant le temps qui reste. »

Serge Reggiani

Ce n'est pas toujours le plus facile, d'aller bien. Et cela vaut depuis le premier jour de notre existence ! Pourtant, avec les années qui passent et la fin du travail, nous avons tout le temps pour que notre esprit vagabonde et que notre corps se rappelle à nous. Nous sommes à chaque minute face à face avec lui. Il a toujours été là,

40. Albin Michel, 2023.

bien sûr, mais avant, le travail, les charges familiales ou la vie sociale, occupaient notre esprit quasiment en permanence. Désormais, nous le sentons à chaque minute. Et ce face à face peut, très vite, se transformer en duel. Le corps devient menaçant. Chaque signal qu'il nous envoie peut susciter la peur et avec elle, arrive de plus en plus souvent une pensée lancinante, quelle que soit d'ailleurs notre situation matérielle, celle de la mort. D'autant que, même s'il nous reste encore du bon temps à vivre, il nous en reste quand même beaucoup moins que ce que nous avons déjà vécu !

Pour la première fois de notre vie, on prend conscience que notre futur est réduit et cette prise de conscience accroît le risque de regarder davantage le passé que l'avenir. Comme si le temps s'inversait. Et cette sensation que la vie a une fin peut être source d'angoisse.

Nous la conjurons comme nous pouvons. Sport pour les uns, médicaments pour les autres ou frénésie d'activités, nous essayons de tenir à distance l'idée que notre corps pourrait nous lâcher parce que nous vieillissons. L'expérience de la maladie m'a déjà légué cette idée de la finitude. Il y a vingt ans déjà, j'ai pris conscience que j'étais mortelle, ce qui m'a permis de mieux vivre par la suite. Mais, à présent, je sens bien qu'en prenant de l'âge, la perspective de mourir redevient concrète, et surtout inéluctable. Comment faire pour que cette pensée ne m'empêche pas de vivre pleinement ma vieillesse ? La déprime est-elle inévitable passé un certain âge ? Que faire pour que « le grand âge » n'éclipse pas tous les plaisirs du « nouvel âge » ?

D'après Marie-Frédérique Bacqué[41], « *si la première étape du vieillissement est marquée par une forme de dénégation – les retraités deviennent de grands consommateurs de voyages, de produits culturels, de séjours de remise en forme (ils constituent ainsi une des grandes cibles de ces annonceurs), dans la deuxième étape du vieillissement, la mise à distance de la réalité de la mort devient plus complexe, mais surtout, la "normalité" de la finitude est constamment renvoyée par l'entourage et la société.* »

Le pire serait-il donc à venir ? La vieillesse nous condamnerait-t-elle à la tristesse et à l'angoisse de la mort ? Le regard des autres nous assignera-t-il à l'oubli et au repli sur nous-mêmes ? Serons-nous relégués au rang d'invisibles qu'on ne veut pas voir ? Je me suis dit qu'il serait intéressant de voir comment ça se passe pour ceux qui, âgés et solitaires, finissent par aller vivre en institution.

Et pour ça, mon amie Marie-Christine est un bon guide. Elle dirige une résidence senior dans le sud-ouest de la France, un établissement géré par une association locale, situé au cœur d'un charmant village de 500 habitants. Un établissement à taille humaine, où les prix sont moins élevés que dans un Ehpad car il n'est pas médicalisé. Elle y accueille donc des personnes, certes âgées, voire très âgées, mais encore autonomes, donc plutôt en bonne santé. Et pourtant, elle me le confirme, beaucoup de ses pensionnaires sont angoissés :

41. Psychologue et psychanalyste, professeure de psychopathologie à l'université de Strasbourg, directrice de la publication d'Études sur la mort, directrice du CIEM, dans un article paru en 2014 dans la revue « Le carnet psy ».

« Ils sont quand même très nombreux dans mon établissement à être sous antidépresseurs. Alors, ça ne leur donne pas une euphorie, mais ça les empêche, je pense, de ressentir justement une certaine peur de la mort... Il peut y avoir aussi, pas forcément la peur, mais une envie de mourir qui peut les rendre tristes. » Et elle l'a expérimenté avec sa propre mère qu'elle a fait venir auprès d'elle l'année dernière, à quatre-vingt-seize ans ! Une femme certes sourde, mais encore très mobile, marchant plusieurs kilomètres chaque jour et vivant seule depuis toujours.

« Au mois de décembre, elle nous a fait une petite baisse de régime, ça m'a beaucoup inquiétée. Peut-être le contrecoup d'avoir quitté sa maison, sa ville, après l'euphorie des premiers mois. Le contrecoup d'avoir changé. En plus j'étais en vacances pendant 2 semaines et elle ne m'a pas vue à ce moment-là. Donc dans ce nouvel environnement, elle n'a pas dû comprendre. Ça lui a foutu un coup... Dès que le médecin a vu ça, il l'a mise sous antidépresseurs et là tout d'un coup ça va beaucoup mieux. Ça va même très bien ! »

Les résidents de l'établissement de Marie-Christine ne sont pas des cas isolés. Un senior sur quatre à domicile a consommé des médicaments psychotropes dans l'année, trois sur quatre en institution[42]. Pour les femmes, le problème commence à la maison, puisqu'elles sont 6 % de plus à prendre des médicaments contre la dépression quand elles y habitent encore. Il faut dire qu'après soixante-cinq ans, elles sont davantage confrontées à

42. D'après l'Insee et les données de son « France Portrait social - 2018 ».

la solitude (53 % contre 21 % des hommes). Vivant en moyenne plus longtemps et davantage confrontées au veuvage, car généralement plus jeunes que leur conjoint, elles se retrouvent plus souvent seules et réduites à l'isolement.

Et le danger est bien là : se refermer sur soi-même.

Parce que tous n'ont pas forcément de proches qui viennent les voir, parce qu'il n'y a pas de psy à des dizaines de kilomètres à la ronde, Marie-Christine essaie d'améliorer la vie au sein de son établissement. Et notamment de garder le contact entre les vieux résidents et le monde extérieur. C'est d'ailleurs une des conditions pour obtenir des financements. Dans le Gers, où se situe sa résidence, le conseil départemental lance, tous les ans, des appels à projets financés avec les gains de la journée de solidarité instaurée en 2004. Son projet de sport adapté, par exemple, a été retenu.

« *Tous les jeudis, au village, dans la salle des fêtes qui nous est prêtée, il y a un coach sportif de "ciel bleu" une association reconnue nationalement qui vient une heure et demie pour animer un cours. J'incite fortement les résidents à y aller. Ma mère y va, bien sûr, et pour favoriser l'inclusion, moi je l'ai ouvert aux gens du village et des communes alentour qui ont plus de soixante ans. Mes résidents qui eux ont dépassé les quatre-vingts ans et parfois les quatre-vingt-dix, se retrouvent avec des gamins pour eux* ! *Des gamins qui ont soixante-dix ans* ! *Et c'est vachement sympa. Et ceux qui n'ont "que" soixante-dix ans les aident dans les exercices un peu plus complexes. On a même fait un carnaval. On a défilé déguisés dans les rues du village.*

Pareil, j'avais ouvert ce carnaval à tout le monde ! Tous les habitants du village ! Des gens avaient amené leurs parents pour y participer... Là je les ai sentis contents, pour la plupart... Oui, il leur arrive d'être contents. »

À son échelle, Marie-Christine prouve que les relations sociales font partie du remède contre la dégradation de la santé mentale des personnes vieillissantes. Le sociologue Michel Billé le résume bien, toujours au micro de France Inter[43] :

« *Je peux regarder ma vieillesse toujours de manière paradoxale. Edgar Morin, et c'est l'occasion de lui rendre hommage et de rendre hommage à ses cent ans passés, nous parlerait certainement de complexité. Je veux dire que deux choses, même contraires, peuvent être vraies en même temps. Ma vieillesse, je peux la regarder comme cette période de ma vie qui me rapproche de ma mort. C'est indéniable, oui vieillissant, je me rapproche de ma mort, je vais mourir. Il n'y a pas d'urgence, mais je vais mourir. À l'inverse, je peux regarder ma vieillesse, comme cette période de ma vie qui me sépare encore de ma mort. Et si elle m'en sépare encore, pour combien de temps, je ne sais pas, car vous ne savez ni le jour ni l'heure, bref, si elle m'en sépare encore, je peux en faire quelque chose pour peu qu'un environnement, qu'un entourage bienveillant m'y invite, m'y incite, m'accompagne, me soutienne, m'aide, me soigne... etc. Et voilà que le regard positif sur cette vieillesse peut se construire. Et là, la vieillesse peut devenir une chance à cultiver au lieu de devenir simplement cette période pendant laquelle il faudrait renoncer*

43. *Grand bien vous fasse !* en février 2023.

puisque de toute manière, demain je ne pourrai plus. Là, il me semble qu'on tient une sorte de clé. Tout seul, il n'est pas sûr que je puisse passer de ce renoncement au nécessaire remaniement du rapport que j'ai avec toute la vie qui est la mienne. Mais grâce aux autres, grâce à la relation, vieillir, c'est vieillir en relation. Grâce à la relation avec les autres, alors, il se pourrait bien que cette vie encore possible, continue à avoir du sens malgré tous les accidents de la vie, toutes les difficultés, toutes les pertes possibles... il se pourrait bien que cette vie vaille la peine d'être vécue encore. »

C'est donc grâce aux autres et à l'environnement qu'on arrive à construire autour de soi, que la vieillesse peut ne pas être un naufrage. Un univers bienveillant où être considéré d'égal à égal plutôt que comme des êtres vulnérables et encombrants nous renverra une image de nous-mêmes valorisée. Encore faut-il, on l'a vu, que le corps ne nous lâche pas. Et surtout que nous arrivions à accepter ce qu'il devient !

L'art de paraître… vieille !

« Les vieux sont jetés aux orties
À l'asile, aux châteaux d'oubli
Voici ce qui m'attend demain
Si jamais je perds mon chemin.
J'ai d'autres projets vous voyez
Je vais baiser, boire et fumer »

Brigitte Fontaine

Je l'avoue, j'ai cédé à l'injonction de paraître plus jeune ! C'était il y a une petite dizaine d'années. Professionnellement j'étais en rythme de croisière. Sentimentalement, c'était peinard, j'étais en couple depuis un moment. Était-ce justement une forme de routine qui m'a poussée à me regarder de plus près et à me dire que je devais me challenger ? Peut-être. Alors, quand ma dermatologue lors de ma visite annuelle m'a parlé des injections d'acide hyaluronique, j'ai tendu l'oreille. Elle m'en a expliqué la simplicité : deux piqûres à l'endroit du visage que l'on veut « regonfler », en l'occurrence pour moi, les joues. Et l'on y fait entrer un peu du produit contenu dans la seringue, selon le volume que l'on veut retrouver. Ça ne fait pas mal, sauf au porte- monnaie. Si je me souviens bien, ça m'a coûté quelque chose comme 350 euros. J'ai donc repris rendez-vous et j'ai sagement attendu qu'elle m'injecte cet épais liquide en dessous des pommettes. Ce n'est pas très agréable, mais ce n'est pas non plus une souffrance. Le vrai désagrément, outre les quelques longues minutes d'attente pour que le produit se dilue dans la chair, c'est que ça laisse comme un petit bleu à l'endroit où l'aiguille est entrée. Et bien évidemment, comme vous faites ça discrètement un jour de semaine entre midi et deux, quand vous revenez au boulot, vous avez vraiment l'impression que les collègues ne vont voir que ça ! Pour autant, ils ne m'ont rien fait remarquer. Et dans les jours qui ont suivi non plus! Et c'est bien ça le problème ! Ce n'était pas bon signe ! Car j'attendais leur confirmation ! Sous la forme de « *Mais que tu as l'air en forme* ! *On dirait que tu as rajeuni* ! *Quel est ton secret pour paraître aussi fraîche* ? »

Mais il n'en fut rien. Même moi, je ne pouvais pas me dire que j'avais l'air plus jeune ! Pourtant, les jours, voire les semaines qui ont suivi, j'ai cherché, dans le miroir, les preuves tant attendues que mes joues étaient repulpées, qu'elles étaient redevenues un peu plus rondes. Mais je n'ai rien vu. Pas en tout cas le miracle que j'avais sûrement fantasmé. Bref, j'avais le sentiment que je n'en avais pas eu pour mon argent !

Pour moi, en tout cas, l'aventure a tourné court. Elle m'a même laissé un petit goût honteux. Et je m'en veux d'ailleurs pour cela. Aurais-je ressenti cela si j'avais vu un résultat qui m'aurait paru satisfaisant ? Ou si des commentaires flatteurs avaient fusé parmi mes proches ? Ce n'est pas complètement sûr. Oui, je me serais peut-être dit, après tout, n'ai-je pas le droit de vouloir rectifier un aspect de mon visage qui en vieillissant ne me convenait plus ? J'aurais ressenti peut-être moins de regrets. Le fait que je n'ai pas trouvé le traitement efficace se mêle sûrement au sentiment de culpabilité. Mais je pense que ce sentiment existe quoi qu'il en soit, et qu'il est, je crois, partagé. D'ailleurs, peu de mes amies ayant eu recours au botox sont prêtes à l'avouer. Même aux copines ! Quand nous parlons de ça entre nous, c'est toujours avec ironie. Peut- être parce que la question de l'apparence physique n'a jamais été la plus facile à résoudre quand on se revendique féministe. Dans ma génération en tout cas, le soin accordé à son aspect était souvent interprété comme une marque de frivolité et de soumission au regard masculin.

Je me souviens très bien comment, plus jeune, beaucoup plus jeune, une collègue, revendiquée gardienne de ce qu'elle estimait être la bonne pensée des journalistes femmes de notre rédaction, m'a avoué m'avoir longtemps battue froid parce que je m'habillais comme une « cagole ». Je n'avais jamais pensé, avant sa remarque, que ce mot pourrait m'être un jour attribué. Certes, il m'arrivait de porter des talons, je me maquillais les yeux et la bouche et je portais parfois des robes qui collaient à ma peau. Mais je croyais arborer les détails, perfecto, montre d'homme ou *barbour* qui faisaient de moi une nana à la cool et justement pas une jeune femme à la féminité provocante ! Depuis, nous sommes devenues amies, bien que, selon moi, cet épisode montre bien comment l'apparence a été un vrai clivage pour les femmes de ma génération.

Trop de marques de féminité faisaient de nous des femmes considérées comme soumises. Pas assez et l'on ne pouvait être qu'une abominable castratrice ! Je crois que j'ai toujours un peu joué de ces injonctions contradictoires, et qu'aujourd'hui elles me constituent. Par exemple, par passion pour la mode, héritée de ma mère, je suis abonnée au magazine *Elle* depuis trente ans sans me retrouver vraiment dans sa promotion des produits qui coûtent des sommes hallucinantes ! Par intérêt pour les spectacles et la lecture, je lis aussi *Télérama* depuis sa création, tout en détestant la sévérité avec laquelle ils jugent souvent le média dans lequel j'ai choisi de travailler, la télé ! Je dépense de l'argent dans l'achat de vêtements tout en tenant des discours construits sur le gaspillage et la pollution liée à la *fast fashion* ! Je suis journaliste, j'ai traité ou je me suis intéressée à la plupart des fléaux qui menacent la planète et en même temps j'ai des comportements de midinette ! Je ne crois pas que ce soit anecdotique. Ce dilemme entre se conformer à l'image que l'on croit devoir donner et celui de vivre en fonction de ce que l'on croit vraiment est, je pense, présent chez beaucoup de femmes.

L'âge m'aide beaucoup à l'aborder avec plus de sérénité, mais ne m'en protège pas. Car après tout, les atteintes de l'âge sur notre corps sont parfois insupportables. Vouloir agir sur eux, c'est une tentative, peut-être vaine, certes, mais compréhensible, de retrouver la personne que nous étions quand nous étions jeunes. Celle qu'au fond nous restons dans notre tête. Ce n'est pas forcément pour séduire que nous voudrions avoir moins de rides ou ne plus voir nos joues tomber. C'est parce que nous avons du mal à accepter les changements de notre « nouveau » corps : le corps de « quand on est vieux ». Alors, la question de vouloir « paraître plus jeune » revient, régulièrement. La dernière fois, c'était il y a deux ans. J'avais rendez-vous avec le chirurgien comme je le fais régulièrement depuis mon cancer, pour suivre l'état des travaux ! En vérité, pour vérifier que ma prothèse de sein tient le coup, qu'elle ne s'est pas percée. Une routine qui ne me rassure jamais vraiment, tant je me dis que ce corps étranger le restera toujours, que ce soit à cause des douleurs qu'il peut encore me faire ressentir ou de la sensation d'insensibilité récurrente quand il m'arrive de le cogner ou ne serait-ce que de le toucher. Mais ce jour-là, je suis en confiance, plutôt d'humeur joyeuse et j'ose poser au médecin la question qui me vient régulièrement à l'esprit quand je me vois nue dans un miroir. *« Est-ce possible de refaire mon sein naturel pour qu'il soit au niveau de l'autre ? »*

Eh oui, j'ai un sein qui a soixante-trois ans et l'autre éternellement vingt ! C'est une différence de niveau et de fermeté ! L'un tombe, vidé de ses hormones vitalisantes et l'autre non. Il reste même tellement dur que quand je suis couchée, il fait comme une petite montagne que tout le monde doit remarquer, j'en suis sûre. Donc ce jour-là, il me revient en mémoire m'incitant à agir pour conjurer le sort. La réponse du chirurgien est très claire : *« nous faisons ça très souvent. C'est une opération très simple. Il suffit de couper, d'enlever un peu de peau, de recoudre et votre sein est remonté. On ne voit qu'une cicatrice verticale, celle qui est horizontale est cachée par le pli du dessous. »* Effectivement, dit comme ça, ça devient envisageable. Je sors du cabinet et je prends tout de suite rendez-vous avec sa secrétaire. Elle a même un créneau quinze jours plus tard. En plus, l'hôpital est tout près de chez moi ! Et à partir de ce moment-là, je ne pense plus qu'à ça ! Et la peur m'envahit. L'odeur des médicaments, l'attente seule dans une chambre triste, le sentiment de froid couchée sur un brancard, seulement vêtue d'une chemise de nuit en papier... Tout cela me revient brutalement. Je rêve même, la nuit suivante, que j'ai un trou dans la cage thoracique et je revis la sensation désagréable du réveil de l'anesthésie. Bref, je ne vois plus l'intervention future que comme une épreuve insurmontable. Sans compter que les douleurs liées à la pose de ma prothèse me reviennent en boomerang. Comme elle a été placée sous le muscle, évidemment il a fallu du temps pour que mes chairs se remettent en place et que je n'aie plus la sensation de déchirement. Des douleurs enfouies très profondément ressortent. Deux jours avant l'intervention, j'annule tout !

Excepté le petit mensonge raconté à la secrétaire, rien ne m'a fait culpabiliser. J'ai même ressenti une grande joie. Une libération ! Alors, oui, mon sein continuera sa chute et l'autre non. Mais à part mon amoureux qui les accepte, je ne montre mes seins à personne ! Je ne les exhibe plus depuis longtemps sur les plages et les soutien-gorge font des miracles. Aujourd'hui, deux ans après cette anecdote, il m'arrive même de ne plus en porter (de soutiens-gorge !). Je me dis que ces imperfections sont préférables à la douleur que la chirurgie aurait occasionnée pour moi. Je me dis la même chose pour mes bras qui pendouillent façon ailes de chauve-souris ou pour mon ventre qui n'est plus jamais lisse. Je progresse avec le temps... Même si je sais qu'un jour peut-être, le souvenir de la jeune Agnès me fera détester à nouveau une partie de mon corps qui vieillit...

Ces allers-retours, attirance-repoussoir, au sujet de la chirurgie esthétique sont symptomatiques de l'importance qui est encore accordée à l'aspect physique des femmes dans la société.

Dans son livre, *Vieille peau*[44], la journaliste Fiona Schmidt développe longuement et très finement les ambiguïtés inhérentes à cette question de l'aspect physique pour

44. Belfond, 2023.

les femmes. Elle cite notamment l'Américaine Kim Kardashian qui aurait déclaré au *New York Times* en 2022 « *si vous me disiez que je dois manger du caca tous les jours sans exception pour paraître plus jeune, je le ferais. Je le ferais, sans aucun doute* ». Elle prend cet exemple extrême parce que ces propos ont évidemment provoqué beaucoup de réactions. Et notamment celles des féministes qui y voyaient la « *promotion de l'aliénation féminine* ». En contrepoint, elle montre comment, à l'inverse, l'auteure suédoise Liv Strömquist dans *Dans le palais des miroirs*[45] soutient que faire valoir sa beauté et l'exploiter comme une richesse n'est pas antiféministe en soi. En tirant profit de la sexualisation de son corps, Kylie Jenner, la petite sœur de Kim Kardashian (dont elle prend l'exemple) ne s'affranchit pas du regard masculin, mais se l'approprie plutôt que de le subir « gratuitement ». Elle raconte aussi comment, les actrices de *Sex and the City*, la série que j'ai adoré suivre à la fin des années 1990, se sont fait descendre en flèche sur les réseaux sociaux quand elles ont repris du service en 2021 pour une suite à la série intitulée *And just like that*[46]. Certains ne supportaient pas qu'elles aient vingt ans de plus. Il leur a été reproché, à la fois, pour deux d'entre elles, d'avoir des cheveux blancs et des rides. Donc de « faire » leur âge ! Et pour une autre, de ne pas faire le sien et d'avoir abusé de la chirurgie esthétique ! Fiona Schmidt résume bien les préjugés auxquels nous sommes confrontées :

45. Rackham, 2021.
46. HBO, 2021.

« Stigmatiser les femmes parce qu'elles sont vieilles ou les stigmatiser parce qu'elles refusent de vieillir et ont recours à la médecine esthétique procède du même réflexe sexiste : considérer que le corps des femmes est l'affaire de tous. »

Alors laissons les vieilles tranquilles. Notre corps est notre affaire ! Laissez-nous vouloir l'améliorer si ça nous chante !

D'après la dernière étude en date[47], une femme sur dix a déjà eu recours à la chirurgie esthétique. On y découvre que les principales interventions sont la modification des seins et l'épilation au laser et surtout, que les principales « consommatrices » de cette médecine ne sont pas les vieilles, mais les jeunes femmes. Depuis 2019, les dix-huit, trente-quatre ans y ont désormais davantage recours que la tranche des cinquante à soixante ans, selon une étude de l'*International Master Course on Aging Skin*, un congrès européen réunissant les professionnels du secteur[48]. Alors bien sûr, il y a l'influence des réseaux sociaux où la comparaison aux autres est la norme et avec elle son lot de complexes et d'injonctions.

Il y a aussi la démocratisation de la médecine esthétique avec des actes beaucoup moins chers que la chirurgie, comme les injections de botox. Mais le phénomène est réel : l'aspect physique continue de s'imposer comme critère de valeur dans la société. La question n'est pas ici de déterminer si les jeunes femmes en sont plus victimes que nous ne l'avons été, mais au contraire d'essayer de

47. Sondage IFOP, juillet 2018, pour Bonheur et Santé.fr.
48. Journal *Le Monde*, 3 mai 2022.

nous inviter dans le débat. En étant ce que nous avons envie d'être, nous pouvons créer un nouveau modèle ! Par exemple, la journaliste Marie Charrel dans son livre *Qui a peur des vieilles ?*[49] raconte une tendre anecdote. Alors qu'elle avait sur le visage, dessinées au stylo noir, les marques où devait se planter l'aiguille pour des injections de botox, elle s'enfuit en courant du cabinet de la dermatologue, renonçant au dernier moment. Tout ça parce que l'image de sa grand-mère Léa s'est imposée à elle en lui chuchotant à l'oreille *« tu n'as pas honte ? »* Et sa grand-mère, Léa, était, je cite *« un mélange de Tatie Danielle et Madame Doubtfire. On ne la lui faisait pas. Jusqu'à la fin, ou presque, elle escaladait les barrières, construisait des cabanes dans les bois, jurait comme un charretier et buvait son canon de rouge tous les jours. Elle portait des blousons de cuir noir taillés pour un homme et une casquette façon gavroche »*. J'aime bien l'idée que cette grand-mère indigne et rebelle soit le modèle de la jeune femme de trente-sept ans qui écrit ce livre.

Moi aussi j'adore les vieilles dames indignes. J'ai mon propre Panthéon. Madeleine Riffaud, morte l'année dernière à cent ans, résistante, auteure, journaliste. Quand je l'ai rencontrée en 1994, pour un reportage, elle m'a reçue dans son appartement. Et alors qu'elle avait déjà soixante-dix ans, on aurait pu se croire chez une étudiante. Canapé informe, lit posé à même le sol… les conventions ne semblaient pas un sujet pour elle. Engagée à dix-huit ans dans la résistance, pionnière des correspondantes de guerre, infatigable, elle était

49. Les Pérégrines, 2021.

également poétesse. « *Quoiqu'elle s'en défende Madeleine était une héroïne* » comme l'écrit Yves Bordenave dans le journal *Le Monde* à sa mort, le 6 novembre 2024. J'admire aussi des vivantes. Et bien vivantes ! Parmi elles, Patti Smith, chanteuse, musicienne, écrivaine, qui pour l'ensemble de son œuvre a reçu l'*US National Book Award* en 2010 et le prix *PEN America Literary Service Award* en 2020, déjà décerné à Stephen King, Philip Roth et Toni Morrison. La marraine du punk rock est encore en tournée cet automne, aux États-Unis et en Europe à soixante-dix-huit ans ! Et quelle classe ! Sans parler de Brigitte Fontaine qui a sorti un nouvel album l'an dernier, à quatre-vingt-cinq ans. Artiste multiforme, trop souvent ignorée des grands médias, elle a pourtant reçu plusieurs distinctions tout au long de sa carrière, dont des prix de l'Académie Charles Cros et des Victoires de la musique pour sa contribution à la musique française. Elle continue elle aussi son chemin, allumée, parfois drôle, souvent grinçante, mais toujours provocatrice. Elles ont toutes les deux reçu la Légion d'honneur.

Voici donc quelques-unes des belles héroïnes à célébrer ! Les exemples ne manquent pas de ces femmes qui vieillissent en améliorant sans cesse les versions d'elles-mêmes. Faisons-en des exemples à suivre en les montrant, en les faisant connaître. Je trouve que c'est revigorant de pouvoir m'identifier à des personnages comme ça. Je me dis que ça peut même donner envie de leur ressembler. Il y a encore de l'avenir à être vieille !

6

LA TRANSMISSION COMME PROJET

Moi, que transmettrais-je ? Que sera-t-il retenu de moi après ma mort ? La postérité évite-t-elle la solitude ? Ai-je plus de chance que toutes ces femmes qui n'ont pas d'enfant ? C'est en tout cas ce que je croyais quand j'étais jeune. Je l'avais oublié, mais une amie que j'interrogeais pour ce livre sur son non-désir d'enfant, me l'a rappelé : *« Il y a quelques années, j'avais une trentaine d'années, je vivais à Pau, et toi tu m'avais dit, Cécile, si tu fais un enfant tu ne seras plus jamais seule et tu ne vieilliras pas seule... et en fait, cette réflexion-là, m'a interpellée, choquée, je ne sais pas, et je me suis dit c'est pas pour toi que tu fais un enfant, c'est pas pour t'assurer le confort de ta vieillesse, et grâce à toi, grâce à cette réflexion-là, qui venait derrière des années de "j'ai pas envie d'enfant", je me suis dit : je ne me sens pas capable d'avoir un enfant parce que pour moi la charge est trop lourde à porter. »*

Évidemment je ne me souviens pas d'avoir dit ça à mon amie. Mais je comprends que ça l'ait mise en colère. Je n'en suis pas très fière, car ça montre à quel point je peux, moi aussi, me montrer conventionnelle. Et véhiculer des préjugés comme celui qui assigne les femmes à la fonction procréatrice. Pourtant, j'avais l'impression que, dans ma jeunesse, je ne pensais pas vraiment à la question de la maternité. J'étais enfant unique et les bébés ne faisaient pas partie de mon environnement. Pas de neveux. Pas d'amis devenus parents avant trente ans, ce n'était pas vraiment un sujet pour moi. Jusqu'au jour où j'ai rencontré celui qui devint le père de ma fille, et ça s'est imposé. C'était la bonne personne et le bon moment. Et là, je me suis rendu compte qu'en réalité, je m'étais toujours projetée avec des enfants. Pas forcément beaucoup, mais je me voyais devenir mère. Pour moi c'était, une évidence. Et ça m'a comblée. La présence de ma fille, trentenaire depuis l'été dernier, adoucit ma vie. Et parce qu'elle a quitté la maison depuis plusieurs années, c'est le moment d'interroger ce que j'affirmais à mon amie Cécile, il y a plus de trente ans : suis-je moins seule parce que je suis maman ? Les enfants nous aident-ils à mieux vieillir ?

Et à l'inverse, celles qui n'en ont pas vivent-elles différemment leur vieillesse ? Le fait de ne pas avoir la perspective de devenir grand-mère change-t-il la perception de l'âge ? Car, pour ça aussi, les clichés ont la vie dure. Qu'elle soit mère ou pas, une femme âgée est vite traitée de « mamie », que ce soit par moquerie ou à titre qualificatif, il suffit d'avoir les cheveux blancs pour que le stéréotype soit convoqué. On peut donc devenir mamie sans jamais avoir été mère tant l'imaginaire collectif voit, dans la femme vieillissante, celle qui se consacre aux autres et donc à la famille et par conséquent aux enfants. Il faut dire que dans la réalité, c'est un statut très répandu. Il n'y en a jamais eu autant. On est passé du baby boom au papy boom ! À soixante-cinq ans, trois

Français sur quatre sont grands-parents. Les femmes plus que les hommes (8,9 millions contre 6,2 millions) et, en moyenne, ils le deviennent pour la première fois à cinquante-quatre ans. Mais, aujourd'hui, à cet âge-là, nous ne vivons plus comme les mamies de notre enfance. Nous travaillons encore, nous sortons, nous voyageons, que nous soyons maman ou pas. En interrogeant mes amies qui n'ont pas eu d'enfants, et elles sont nombreuses, je découvre que nous voulons la même chose à ce moment de notre vie : être entourées de ceux que nous aimons. Et voir vivre autour de soi une famille qu'elle soit de sang ou de cœur. Amis, enfants d'amis, nièces et neveux comme une lignée choisie qui montre que transmettre est possible pour tout le monde. Et une belle aventure.

De mère en fille

Je mentirais si je disais que je ne continue pas à véhiculer l'idée reçue qu'enfanter est un nirvana ! Je me surprends même, en ce moment, à rêver d'avoir des petits-enfants ! Évidemment quand je m'en suis ouverte à ma fille, je me suis fait passer un savon. Et à juste raison. Car si moi je me sens prête, elle, elle ne l'est manifestement pas. Elle n'a pas encore fini sa thèse et a d'autres priorités que de pouponner. Pourquoi lui ai-je dit ça ? J'aurais détesté que ma mère me dise la même chose quand j'avais trente ans ! Mais la pauvre, elle s'en est bien gardée. Car elle savait trop ce que c'était que de lutter contre cette injonction omniprésente quand on est une femme. Elle qui était née en 1922, et donc appartenait à une génération pour qui avoir des enfants était un accomplissement, n'a été mère qu'à quarante ans. Combien de fois a-t-elle dû avoir à se justifier ? Combien de fois a -t-elle dû répondre aux questionnements sur ce qui était vu, à l'époque, comme un malheur dont les femmes n'étaient pas victimes, mais responsables. C'est quelque chose dont elle m'a peu parlé. À tel point que je n'ai appris qu'à quarante ans les problèmes de fertilité de mon père.

Pourtant, j'ai très souvent entendu au sein de ma famille même, me dire que ma mère n'avait pas tellement l'instinct maternel. Cette dernière n'avait pas eu l'air satisfaite d'apprendre sa grossesse, même si elle s'est « rattrapée » dans son rôle de mère, selon mes tantes paternelles. Bref, elle n'était pas complètement admise au sein de la communauté des femmes censées ne rêver que de ça ! Elle m'a seulement raconté qu'en fait, elle était tellement étonnée de tomber enceinte, finalement à quarante ans, qu'elle s'interdisait même d'y croire ! Elle était totalement incrédule tellement elle avait été obligée, pendant près de vingt ans, de se conditionner à ne plus y croire ! Comment s'en étonner ? En sachant ça, j'ai pu enfin comprendre combien ce fut, au contraire, un grand bonheur pour elle qui n'a eu de cesse de profiter de moi chaque seconde, une foi née ! Son travail de couturière à domicile lui permettait de ne jamais me quitter, mon couffin toujours posé sur sa table de travail. Les deux premières années de la vie où le langage n'est pas encore là, je les ai passées avec elle, à échanger bien plus que des mots. C'était une femme discrète, très en retrait par rapport à mon père qui manifestait son amour bien plus bruyamment qu'elle.

Il m'a d'ailleurs accaparée dès que j'ai su parler. Même si j'ai défié son rôle dominateur pendant l'adolescence, j'étais complètement influencée par le regard qu'il portait sur ma mère, à la fois fier de la belle image de femme au foyer qu'elle renvoyait, mais condescendant. Alors qu'elle gérait, pour nous, tous les aspects de la vie quotidienne, de ce que l'on mangeait aux vêtements que l'on portait, il y avait malgré tout, peu de place pour elle. Ce n'est qu'en étant mère à mon tour que j'ai compris ce que je lui devais. Quand j'ai pu constater son comportement vis-à-vis de ma propre fille, j'ai pu réaliser notre complicité. J'ai mis beaucoup de temps à comprendre tout ce qu'elle m'a apporté. La grand-mère qu'elle fut, attentive, protectrice, patiente, m'a fait prendre conscience du type de mère qu'elle a été pour moi. Et de son influence sur ma vie. Elle me disait toujours *« ne dépends jamais de personne », « ne fais pas comme moi, sois libre ! »* Et au fond, je l'ai écoutée, sans m'en rendre compte. Je suis devenue la femme indépendante qu'elle rêvait d'être. Pour autant, nous n'avons jamais parlé de tout ça. Nous n'avons pas eu le temps. À quatre-vingts ans, alors que ma fille n'avait que sept ans, elle a sombré dans la maladie d'Alzheimer. En quelques années, tout s'est, petit à petit, effacé pour elle. Coudre, sa passion. Cuisiner, sa fierté. Marcher, son plaisir. Jusqu'au souvenir de l'amour qu'elle nous portait à tous. Cet effacement était comme un écho à la toute petite place qu'elle avait prise tout au long de sa vie.

C'est sûrement pour elle, pour tout ce que je lui dois, sans avoir pu lui dire merci, que je voulais avoir une fille. Je ne m'en suis rendu compte qu'en devenant moi-même mère d'une fille : je n'ai pas voulu connaître le sexe de mon bébé avant sa naissance, peut-être parce qu'au fond, pour moi, il ne pouvait être que féminin ! Sûrement que je voyais dans ce rôle de mère comme une continuité de la relation que j'avais eue avec ma propre mère. Une manière peut-être de la compléter, de rattraper tout ce que nous n'avions pas réussi à nous dire. Je pense que je voulais, moi aussi, ressentir la fierté qui devait être la sienne en voyant la femme que j'étais devenue.

Aujourd'hui, ce sentiment s'est reporté sur ma fille. C'est quand même un plaisir incomparable de voir nos « bébés » devenir des adultes accomplis ! Quand on prend de l'âge, ça redonne beaucoup de vitalité.

Alors, quand ma fille m'a parlé de ma mère comme d'une référence, ça m'a bouleversé. J'ai compris tout ce que nous avions réussi à nous transmettre :

« Moi je trouve que ce serait joli de raconter l'histoire de mamie, ton histoire et mon histoire. Nous, on n'a pas le besoin de se recueillir sur les tombes mais je pense régulièrement à mamie. C'est comme un regard. L'impression de la porter en moi, en nous, parce que c'est grâce à elle si on est là. À papy aussi mais c'est ce destin de femmes que je ressens très fort. C'est un truc que tu m'as transmis. Grâce à ta réussite sociale, j'ai fait des études que je n'aurais jamais faites. Alors que j'avais une autre grand-mère qui était femme de ménage. Mamina. Et elle, c'est pareil, je ressens aussi énormément qu'elle a pu m'influencer. Il y a ce truc un peu fou : elle a divorcé de son mari alors que c'était une Espagnole exilée dans les années 1950 !

C'est fou ce côté franchement "je vous emmerde !" C'est puissant ! »

Moi qui n'ai pas eu le temps d'échanger avec ma mère sur tout ce que nous avions en commun, je suis très fière que ma fille ait compris l'importance de la transmission entre femmes. Qu'elle se soit approprié le destin de ses grands-mères, c'est une belle revanche sur la vie pas toujours facile de ces deux femmes. Et une grande fierté pour moi qu'elle ait compris l'importance de la filiation maternelle.

Une importance portée par beaucoup de femmes de ma génération. Pour mon podcast, j'ai rencontré Anne-Lise parce qu'un ami commun m'avait parlé d'elle comme d'une sexagénaire très active. En la rencontrant, j'ai trouvé aussi en elle, une mère inspirante. Elle rend fréquemment visite à sa fille, aujourd'hui comédienne, et qu'elle a élevée seule.

« Je me suis sentie très libre. C'est une situation un peu spéciale car cette enfant je l'ai eue tardivement. C'était un souhait. Je savais qu'avec son papa nous ne vieillirions pas ensemble. Je savais aussi que si nous devions nous séparer c'est quelqu'un qui avait déjà du mal à trouver sa place dans la société, beaucoup de mal à s'assumer. Je savais qu'il ne m'aiderait pas énormément, et du coup j'ai été très libre d'élever notre fille comme je le souhaitais. »

Et pour avoir du temps à consacrer à son éducation, elle a renoncé à des revenus plus importants en choisissant de travailler à temps partiel. Aujourd'hui, elle a soixante-trois ans et travaille toujours comme assistante d'éducation, spécialisée dans l'accompagnement des enfants en situation de handicap. Des sacrifices qui n'en sont pas, car pour elle, avoir un enfant a toujours été une fin en soi : « *Vieillir, c'est aussi perdre du sens et avoir un enfant donne un sens énorme à la vie. Il y a plein de domaines où on se perd, quand on vieillit, où on n'a plus sa place. On est dans une société de jeunisme quand même où en vieillissant on devient un peu transparent.* »

Présente pendant notre entretien, sa fille Odessa a immédiatement réagi, comme si elle avait besoin de marquer tout de suite une distance avec les propos de sa mère.

« *J'ai quand même le sentiment que maintenant que tu vieillis justement tu essaies de donner un sens qui n'est pas uniquement celui lié à la maternité. Tu m'as souvent dit "ben maintenant je vais essayer de faire autre chose qui n'est pas forcément en lien avec notre relation" et que tu en ressens l'importance justement maintenant que moi je suis plus loin et que toi tu vieillis" et que tu vois que je vais mener ma vie. Et tu te dis : et dans ce cas où est la mienne ? est-ce qu'il n'y a pas une nuance là à apporter ?... Je trouve que ma mère c'était très "je vais faire une femme libre". Je vais faire un enfant qui sera une femme libre. Je vais faire un enfant qui va poursuivre mes luttes. C'est aussi passer un flambeau, quand même. Tu m'as élevée pour que je sois vraiment libre ! Et même quand ma liberté venait heurter la tienne. Et ça pour moi c'est quand même une belle oeuvre féministe ! Et moi c'est quelque chose qui m'interroge beaucoup si je veux avoir des enfants, me dire est-ce que j'ai pas aussi envie d'avoir des filles pour qu'elles ébranlent le patriarcat à leur tour !* »

Je suis, moi aussi, mère d'une jeune femme, féministe engagée. J'espère être pour quelque chose dans ses engagements. Mais avec elle, je me nourris, je continue d'apprendre, après lui avoir appris. Elle m'a ouvert les yeux sur le sexisme, grâce aux mots que les filles de sa génération ont décidé de poser sur des maux que la mienne subissait sans rien dire. C'est elle qui m'a appris, par exemple, que, quand un homme nous interrompt, on dit *mansplaining*. Que ma génération était trop obsédée par le physique des femmes, par un idéal de la minceur. Qu'il n'est pas de bon ton de faire des blagues relatives à ces sujets. Je pense souvent à ce qu'elle ressent, à trente ans, dans un monde qui ne ressemble pas du tout à celui dans lequel j'évoluais quand j'avais son âge. Je me rends compte que nos questionnements sont, malgré tout, semblables. J'ai eu les mêmes à son âge.

J'ai donc moi aussi fait une fille féministe. Je trouve que c'est une belle idée de penser que c'est une œuvre. Le problème c'est d'en faire l'unique œuvre de sa vie. Ce n'est souhaitable ni pour la femme ni pour l'enfant. Sentir peser sur soi la raison de vivre de son parent est un carcan que je ne souhaite à personne. Ma mère, qui n'a eu que moi, s'en est toujours défendue. Elle m'a poussée très jeune à partir en colo, chez mes grands-parents, en train, chez des amies. Elle a tout fait pour desserrer le cordon. Parfois contre mon père, plus fusionnel, et souvent à l'encontre des idées de l'entourage qui voyait là encore, une preuve de son manque de dispositions pour la maternité. Moi, je l'en remercie encore aujourd'hui. C'est beaucoup à ça que je dois mon autonomie sociale. J'essaie de transmettre ce goût de l'indépendance à ma fille unique. Je fais en sorte de ne pas lui imposer le souci de ma personne comme un poids. Qu'elle fasse ses choix en fonction de ses propres désirs, pas des miens. Pour elle, c'est une liberté. Pour moi, ça demande quand même un peu de volonté d'exister sans elle désormais. Mais c'est aussi une victoire. En vieillissant et en ayant arrêté de travailler, je serais très malheureuse si je ne comptais que sur elle pour m'épanouir. Mais je pense que j'ai eu cette prise de conscience depuis toujours. Que je n'ai pas voulu n'être « que » mère. Et ma fille l'a bien compris :

« Moi, ce que tu m'as transmis, c'est de ne pas mettre ses œufs dans le même panier, dans le sens de toujours avoir une vie à soi à côté et de pas tout mettre dans le panier du travail ou de la relation amoureuse. »

Je ne sais pas si elle sera mère un jour, mais ce que je sais, c'est que ma fille ne construit pas sa vie seulement autour de ça, et c'est très bien ! Car effectivement, ma vieille copine Cécile a bien raison : il n'y a pas que les enfants dans la vie ! On peut même trouver finalement plus sain de voir l'absence d'enfant comme un horizon qui se dégage, et libère du temps et de l'énergie pour d'autres activités, d'autres types de relations. Il n'y a pas de modèle prescriptif à suivre. À chacun de décider de celui qui lui sera le plus bénéfique. Et bien sûr, cela ne signifie pas que des regrets ne pourront pas se faire ressentir, à l'heure du bilan qui accompagne la vieillesse – mais cela est valable dans les deux sens !

Il n'y a pas que les enfants dans la vie !

« Je n'ai pas décidé du jour au lendemain de ne pas avoir d'enfant… C'est juste que je n'en ai jamais eu envie. Quand tu es petite fille, même si j'ai pas beaucoup de souvenirs d'enfance, tu dis avec tes copines : ah mais le jour où j'aurais un enfant… si c'est une fille je l'appellerai comme ça. Si c'est un garçon je l'appellerai comme ça… eh bien je me souviens que je me disais moi je ne sais pas ! Et j'étais obligée de faire un effort en disant moi, je l'appellerai comme ça, mais en fait, ce n'était pas mon envie… C'était pas dans mon schéma mental. »

Cécile a deux ans de moins que moi et nous nous connaissons depuis le lycée. Nous connaissons tout de nos vies. Quand elle me raconte ça, je ne suis pas étonnée, nos discussions sur la maternité ne datent pas d'hier, on l'a vu. Elle y a souvent apporté le contrepoint. Enfant unique de parents divorcés, elle pense que son choix de ne pas être mère a pu être influencé par son histoire avec eux.

« Moi je suis sûre que si je n'ai pas voulu d'enfant à la base, c'est parce que je n'avais pas envie de potentiellement prendre le risque de leur faire vivre ce que mes parents m'ont fait vivre. Parce que pour moi élever un enfant c'est une responsabilité. C'est le fait de te dire j'ai pas envie de prendre le risque de faire vivre à un enfant ce que moi j'ai vécu. Les erreurs, les manquements… J'ai une copine qui m'a dit : moi j'ai fait mes enfants dans la plus grande inconscience, toi tu avais la pleine conscience de ce que ça voulait dire ! Je n'étais pas une enfant battue, j'ai

manqué de rien. Je pense même que je n'ai pas manqué d'amour quand j'étais petite parce que quand mes parents sont décédés, j'ai retrouvé des photos et j'ai vu que j'avais été une petite fille qui a été aimée… Après, ils avaient un problème de couple, mais en fait ce problème de couple il était là avant que je naisse. Ma mère a su que mon père la trompait, elle était enceinte de moi ! »

En revanche, Cécile, elle, n'a su qu'il y a une dizaine d'années seulement que sa mère avait appris cette infidélité pendant la grossesse ! Est-ce qu'inconsciemment elle n'a pas voulu courir le risque de vivre la même chose ? Toujours est-il qu'elle ne regrette pas de ne pas avoir d'enfant. Même si pendant longtemps elle a eu à le justifier. Ne pas vouloir d'enfant reste encore aujourd'hui une transgression dans beaucoup de milieux.

« En avançant en âge, il y avait l'injonction. J'ai toujours été quasiment en couple, et on me disait, mais Cécile, t'as trente ans… c'est l'âge pour faire des enfants. Puis t'as trente-cinq ans, c'est le bon âge ! T'as trente-huit ans, dans deux ans tu pourras plus ! La date de péremption ! Et en fait, c'est vraiment au fil de ce temps qui passait que je me suis dit mais en fait, non ! je n'ai pas envie d'enfant ! Et plus je vieillissais, plus c'était compliqué. À quarante ans ? Dans les années 2000, c'était difficile. Au bout d'un moment je disais non mais en quoi ça vous regarde. Moi j'ai trouvé ça pénible à la fin… Et c'étaient des questions que les gens se permettaient même si on n'était pas intimes. Ah ? Vous n'avez pas d'enfants ? Mais comment ça se fait que vous n'ayez pas d'enfant ? Moi je réponds

maintenant, je n'ai pas pris le risque de me reproduire ! Valait mieux casser le moule ! »

Mais pourquoi faudrait-il justifier le fait de ne pas avoir envie d'enfant ? Demande-t-on aux femmes de justifier le fait qu'elles en ont envie ? En général non, car pour notre génération encore, c'est l'ordre des choses. Pourtant, c'est toujours intéressant de se poser la question des conditions de notre propre venue au monde pour comprendre si ça peut avoir une incidence sur notre décision de nous reproduire ou pas.

Dany, elle, était une petite fille très heureuse : « *J'ai été extrêmement gâtée jusqu'à ce que j'aie douze ans. Je vivais en Algérie avec toute ma famille autour de moi. Et là, pouf, mon père est muté au Havre. Il était directeur de chai chez Dubuffet. On part au Havre, mon père, ma mère, mon frère et moi. On quitte Alger pour Le Havre ! Et là pendant six ans, on ne voyait personne de l'année. Sauf l'été où on repartait en Algérie et là je revivais ! Et hop je repartais et je revivais neuf mois d'horreur ! »*

Il a fallu que toute la famille débarque, après l'indépendance en 1962 et s'installe à Montpellier, pour qu'elle retrouve un peu de son bonheur perdu. Aujourd'hui, Dany vit en couple, avec une femme qui a dix-sept ans de moins qu'elle. Mais plus de soixante ans après, elle est toujours aussi émue quand elle raconte ce déchirement d'avoir laissé sa famille et le pays de son enfance. Elle dit que c'est ça qui a influencé sa décision de ne pas être mère :

« Je me suis dit j'ai été aimée par mes parents, vraiment, toujours, j'ai été aimée ! Mais j'ai été très malheureuse. Malgré l'amour qu'ils me portaient j'ai été très malheureuse. Ils n'ont pu rien faire et ces cinq ans au Havre ont été une atrocité. Alors je me suis dit je ne veux pas d'enfant parce que malgré l'amour que tu peux leur porter, ils peuvent être très malheureux. J'ai eu envie d'enfant, j'ai eu un fiancé qui était con et puis je me suis dit non, je n'en veux pas ! Parce que j'ai vécu une guerre et je n'ai pas pensé que c'était impossible que mon enfant ne vive pas une guerre ! »

À quatre-vingts ans aujourd'hui, Dany n'a aucun regret. À sa façon, elle a fait partie de celles qui ont ouvert un chemin. Tout comme Edith Vallée, soixante-seize ans, docteure en psychologie, qui raconte devant la caméra du média en ligne Konbini1 son parcours de militante *childfree*. Même si pour elle, Mai 68 a ouvert des portes, elle témoigne des préjugés qu'elle a dû endurer en revendiquant son choix. Les *childfree* étaient perçues comme des infanticides potentielles : *« Une personne qui avait entendu parler de moi s'est étonnée. Ah oui, vous n'avez pas d'enfant ! Oh que c'est triste, c'est comme Véronique Courjault*[50] *alors ! On se demande si certains humains sont vraiment des êtres humains ! »*

Les préjugés n'ont pas disparu, je le sais par les témoignages de mes amies, mais de plus en plus de femmes, à l'instar d'Edith Vallée, osent affirmer leur choix de non-maternité. C'est même devenu un phénomène de

50. Véronique Courjault est cette mère de famille qui a défrayé la chronique en 2006, elle a congelé et tué trois de ses bébés.

société. Une enquête Ifop pour le magazine *Elle*[51] le montre. On y apprend que le nombre de femmes françaises déclarant ne pas vouloir d'enfants est passé de seulement 2 % en 2006 à 13 % en 2022 ! Voici comment les journalistes Dorothée Werner et Mathilde Carton analysent ce résultat.

« C'est une évolution surprenante au vu de son ampleur en seulement seize ans. Car si le désir d'enfant reste largement majoritaire, plusieurs catégories de femmes affirment ne pas en vouloir : par exemple, 25 % des 15-24 ans n'en souhaitent aucun... On est dans le "je pense à moi d'abord". Les Françaises, et particulièrement celles qui sont aisées, féministes et les plus diplômées, rejettent les injonctions de parentalité qui pèsent sur elles. En fait, leur respectabilité sociale ne passe plus par la maternité. Autre fait marquant : si l'écoanxiété pèse sur certaines (46 % des moins de trente-cinq ans expliquent leur volonté de ne pas faire d'enfants à cause des conséquences liées au réchauffement climatique), c'est d'abord et avant tout le besoin de liberté qui prime dans toutes les catégories sociales : 56 % de ces mêmes moins de 35 ans considèrent qu'un enfant n'est pas indispensable à leur épanouissement personnel. »

Voilà qu'un vent de révolte soufflerait sur beaucoup de jeunes femmes ? Va-t-il y avoir de plus en plus de « vieilles filles à chat » ? Vous savez, cette expression employée l'an dernier dans la course à la Maison-Blanche ! C'est Taylor Swift, l'un des soutiens les plus pop et les plus puissants de Kamala Harris qui l'a reprise à

51. Article du 3 janvier 2024 sur www.ifop.com.

son compte dans son message de soutien à la candidate démocrate. Elle a assumé être une *childless cat lady,* une femme à chat sans enfant. Une manière de répondre au propos du colistier de Trump, J.D. Vance, devenu depuis son vice-président et qui s'inquiétait, en 2021, sur Fox News, la chaîne conservatrice, que les États-Unis soient dirigés par « des femmes à chat, sans enfants, malheureuses ».

J'en connais de nombreuses et qui sont très heureuses. Et tant mieux qu'elles puissent devenir source d'inspiration pour les jeunes générations ! On peut penser que la vague féministe qui a accompagné le mouvement #MeToo a cassé beaucoup des codes qui régissent le destin des femmes. Pour celles qui cherchent à rester libres de leur destin, la maternité ne fait plus rêver !

Pour mon amie Cécile, il s'agit presque d'un affranchissement :

« Contrairement à ce que j'entends souvent, il n'est pas égoïste de ne pas vouloir d'enfant. Au-delà du fait que nous pouvons nous considérer assez nombreux et qu'il peut être compliqué d'élever des enfants aujourd'hui, il y a surtout un véritable choix de femme. La génération actuelle comprend qu'on puisse ne pas vouloir d'enfant et cela n'est pas aussi transgressif qu'à notre époque. »

Alors, pour toutes ces femmes qui ont eu à se justifier dans une société dans laquelle elles défiaient la norme, l'époque est plus clémente. Elles peuvent vivre leur âge et leur condition de femmes sans enfant de manière plus apaisée. Et organiser leur vieillesse comme bon leur semble. Cécile, mariée à un homme, père de deux grands garçons, ne se sent pas seule. Elle pense même qu'avoir des enfants ou pas ne changera pas grand-chose quand il s'agira de faire face aux derniers instants de sa vie :

« Quand ma grand-mère est décédée en soins palliatifs, j'ai vu des gens en soins palliatifs, seuls. Et j'avais discuté avec une des infirmières, qui m'avait dit, vous savez, votre grand-mère, elle n'a que vous et votre père, et pourtant, c'est la personne la plus entourée de notre service. C'est elle qui voit le plus de monde. Elle n'avait qu'un fils unique, une petite fille unique et pas de frère et sœur puisqu'elle était de l'assistance publique. Et c'était dans un espace-temps de deux mois. Dans le service où elle était pendant ces deux mois-là, il y avait des gens qui avaient des familles et qui ne voyaient personne ! Vous, vous venez tous les quinze jours, votre père vient tous les deux jours, elle est très entourée. Et c'est vrai qu'après avoir vécu ça, je me dis que les enfants ne sont pas forcément un soutien. »

Et comme beaucoup d'entre nous avec ou sans enfant, elle s'est construit sa famille de cœur. À plus de soixante ans, elle a eu le temps de faire le tri et de choisir.

« Avec mon filleul j'ai une relation affective très forte. Mais je ne pense pas qu'elle soit filiale. Parce qu'il ne se trompe pas et moi non plus. Ce n'est pas mon fils. Mais c'est presque mieux ! Il sait qui est sa mère, quoi. Il n'y a pas d'amalgame. C'est un gamin très planté, très solide. Sa mère a été ultra-présente. Elle a fait le papa et la maman. Puisqu'il n'y avait plus de papa. Moi, je suis sa marraine. »

Elle l'a même désigné comme héritier devant le notaire au printemps dernier. Une manière de concrétiser un vrai choix de postérité. Car ce qui motive justement en vieillissant, c'est la possibilité de transmettre. Comme un besoin de se rendre utile et de créer un lien solidaire entre les générations. Cet échange intergénérationnel est bien entendu possible sans avoir eu d'enfants soi-même. On peut pour cela s'appuyer sur les enfants des autres, des neveux et nièces, des voisins, des amis, bref, sur les relations que l'on a bâties au cours de sa vie.

La transmission peut même aller beaucoup plus loin qu'un lien personnel. Et se construire bien avant la vieillesse. Cécile l'a aussi pratiquée dans son métier de libraire :

« Quand tu dis transmettre tu veux dire quoi ? Parce que, par exemple, dans mon métier pendant des années, j'ai conseillé des livres, j'ai échangé. Quand on a reçu Nancy Houston au mois de novembre dernier, une ancienne cliente, plus âgée que moi, qui est une lectrice assidue, m'a envoyé un message en disant : j'ai appris que vous receviez Nancy Huston, j'imagine comme tu es heureuse car c'est toi qui me l'as fait découvrir et chaque fois que je lis un livre d'elle, je pense à toi. Cette transmission-là elle est précieuse aussi. »

Et comment ! Le nombre d'œuvres complètes d'un auteur que j'ai entièrement dévorées après un de ses conseils de lecture ! Elle connaît maintenant tous mes goûts. Je lui envoie régulièrement des avis, nous polémiquons parfois ! La lecture est devenue entre nous un lien indéfectible, un partage qui nous enrichit. Nous aimons ce lien d'amitié indéfectible. *« Toi comme moi n'avons pas de frère et sœur, on s'est fabriqué notre famille. Là c'est pareil ! »*

C'est vrai qu'être enfant unique, ça habitue à trouver des soutiens ou des appuis, selon les circonstances, hors du cercle familial. À se construire très tôt une famille de substitution. Et mon amie Cécile, fait d'ailleurs, depuis longtemps, pour moi, partie de ces compagnons de route de toute une vie, devenue un pilier de cette famille-là.

Transmettre quoi qu'il en soit

« Maintenant que la jeunesse
A fui, voleur généreux
Me laissant mon droit d'aînesse
Et l'argent de mes cheveux
Il fait beau à n'y pas croire
Il fait beau comme jamais »

Louis Aragon

« Aujourd'hui je n'ai pas de regrets. Quand j'entends une personne argumenter que faire un enfant, c'est se permettre d'avoir une aide pour ses vieux jours, je rétorque qu'il est difficile et abusif de mettre cette charge sur les enfants. Ce n'est pas bien. Je ne peux pas me dire ça ! Pour m'occuper de ma mère malade, je sais que je n'aurais ni aimé ni voulu un enfant pour lui assigner cette mission vis-à-vis de moi ! »

Isabelle est très émue quand elle parle de la maternité. Car pour elle au départ, ça n'a pas été un choix. Elle souffrait d'endométriose et n'a pu avoir d'enfant. Aujourd'hui, elle vit seule et a tout prévu au cas où elle ne serait plus autonome. Elle est au clair avec ça. Elle a bien compris que le choix d'un partenaire ou d'un enfant ne devrait en aucun cas être perçu comme un retour sur investissement pour ses vieux jours. Et je suis, moi aussi, bien placée pour savoir que les enfants, quand on en a, sont souvent bien trop occupés par leurs propres vies privée et professionnelle pour avoir comme charge supplémentaire de s'occuper de nous !

La solitude peut donc aussi toucher des vieux parents ! Le plus important réside alors dans la constitution de cette famille de substitution dont je parlais plus haut. Et qui, mieux que les amis, pour remplir ce rôle-là ? Ne dit-on pas qu'ils sont la famille qu'on se choisit ? C'est sur toutes ces autres relations entretenues au long d'une vie bien menée qu'on peut compter pour éviter la solitude lorsque l'on vieillit. Mais on peut aussi ressentir ce sentiment de « communauté » sur le plan professionnel.

En apprenant avec des journalistes plus âgés, que j'ai beaucoup admirés – d'abord, la directrice de mon école de journalisme, Edith Remond, qui nous enseignait le droit de la presse et menait l'institut avec l'idée d'ouvrir ce métier à tous les profils, pour le rendre plus crédible, ensuite des femmes comme Arlette Chabot ou Françoise Laborde –, j'ai eu l'impression de m'inscrire dans une forme de filiation. Et par la suite j'ai, moi-même, aimé transmettre. J'ai animé, pendant plus de dix ans, des sessions de formation à l'IJBA, l'école de journalisme où j'ai doncétudié. J'y avais toujours des liens avec d'anciens professeurs et j'y ai développé des amitiés solides avec certains de mes étudiants devenus mes collègues par la suite à France Télévisions. J'ai été la marraine de plusieurs alternants que j'accueillais dans mon service. J'aime voir aujourd'hui ce qu'ils sont devenus professionnellement. Ça me donne un sentiment de continuité, l'impression, un peu narcissique, d'avoir été utile.

Et j'ai l'impression que beaucoup de ces liens se sont tissés avec des jeunes femmes que j'ai vues grandir et devenir à leur tour des journalistes aguerries, comme des filles de cœur. La poétesse et militante américaine Maya Angelou, que la célèbre journaliste Oprah Winfrey considérait comme son mentor, met magnifiquement en mots cette transmission qui est en fait un échange :

« Mes remerciements aux femmes qui ne sont pas nées de moi mais qui me permettent d'être une mère pour elles. »

Et aujourd'hui, comme une révélation tardive, je relis mon histoire à l'aune de cette nouvelle donnée que je crois féministe. Je comprends à quel point j'ai eu besoin de références. Ce qui me rapproche de beaucoup de femmes plus jeunes, comme ma fille et ses amies, que j'ai retrouvées dans une manif pour les droits des femmes et dont l'une d'entre elles résume parfaitement ce qui nous unit, *« le droit de nos mères est notre futur »*. Quelle belle idée !

Pour ma fille, *« la transmission ça se fait, soit par des choses qu'on n'a pas envie de refaire, ou au contraire par des exemples à suivre. C'est grâce à toutes ces femmes invisibles qu'aujourd'hui on peut faire ce qu'on fait. Par exemple l'IVG passée dans la constitution. C'est des luttes qui ont été menées. Dans cette question de transmission des luttes, il y a évidemment tous ces grands noms, Simone Veil, Simone de Beauvoir... mais t'as aussi toutes ces militantes anonymes, toutes ces femmes qui étaient féministes sans le savoir, sans le dire même. C'est ça qui est beau. D'avoir l'impression que tu portes un héritage.* »

Il faut reconnaître que ces questions de transmission ont toujours revêtu pour moi une importance, bien avant de comprendre à quel point elles deviennent cruciales avec l'âge. Alors que ma fille était enfant, je me suis prêtée à une expérience familiale pour moi inédite, mais qui a contribué, je pense, à donner à Flora cette sensibilité particulière envers ce qui est transmis.

La famille de son père est espagnole. Sa grand-mère, que l'on appelait Mamina pour mamie Elena, était originaire de Galice. Arrivée en France dans les années 1950 pour fuir le franquisme et la misère, elle y avait rencontré son époux, un plâtrier communiste qui avait lui aussi quitté la Catalogne pour échapper au service militaire. Leur histoire, forte, faite d'exil et de pauvreté, est fièrement portée par les trois enfants nés de leur union. J'y ai moi-même totalement adhéré. Notre fille porte même le prénom de son arrière-grand-mère, la mère de Mamina. À tel point qu'un projet a pris forme, celui de l'accompagner dans son village natal. Nous passions beaucoup de vacances ensemble en Espagne notamment, car les enfants d'une de mes belles-sœurs sont proches, en âge, de ma fille. Les deux cousines sont les meilleures amies du monde encore aujourd'hui. Alors tout naturellement, nous sommes partis ensemble pour la Galice, à la découverte du village natal d'Elena, notre Mamina ! Quel choc ! Quelle émotion pour elle et pour nous ! Ses souvenirs, souvent moqués avec tendresse étaient vrais ! Il y avait réellement des vignes tout autour, autant qu'en France. La langue locale était vraiment plus proche du portugais que du castillan, ce qui expliquait cet accent inimitable de la vieille dame qui contribuait, il faut bien le dire, à ce que sa parole soit tournée en dérision par nos esprits taquins. Mais surtout, quel choc, quand en descendant de la voiture sur la place du marché, elle a retrouvé l'emplacement de sa maison et qu'en s'y dirigeant, elle a reconnu son voisin et ami de l'époque. Ils sont tombés dans les bras l'un de l'autre. Et leur récit était glaçant.

Le vieil homme est redevenu, l'espace de quelques instants, le petit garçon traumatisé qu'il fut pendant la guerre d'Espagne. Lui et sa famille ont vécu dans la cave de la maison voisine de celle de Mamina pendant de longs mois. Elle a revécu ses peurs de petite fille. Elle a raconté comment son père, instituteur, a dû quitter le village, dénoncé par le curé, juste parce qu'il avait aidé des paysans à écrire une lettre pour réclamer un petit bout de terre. Leur étreinte fut déchirante et un moment de recueillement bouleversant pour nous tous.

Nous sommes aussi allés sur la tombe de sa mère, celle dont ma fille porte le prénom, puis, nous avons rencontré des cousines, qui nous ont gavé de sucreries, de baisers et de paroles enflammées sur des personnages inconnus, mais dont le souvenir exaltait Mamina. Sa joie faisait plaisir à voir ! Et pour ses petits-enfants, ce voyage a eu un goût de rite initiatique.

Aujourd'hui, ce type de voyage fait partie des expériences qui permettent de faire vivre une mémoire intergénérationnelle. Mémoire dont on reconnaît aujourd'hui les vertus, mais dont on ne mesure pas l'importance avant d'avoir soi-même atteint cet âge où il nous semble qu'il y a urgence à la transmettre. Il existe dans ma maison en Dordogne un grand tiroir plein de vieilles photos.

Heureusement, j'ai eu l'idée, avant que mon père ne parte en maison de retraite à quatre-vingt-treize ans, de lui faire reconnaître un maximum de personnages figurant sur les clichés. Sa mauvaise vue n'a pas permis de reconnaître tout le monde, mais les légendes que j'ai écrites avec lui, cette trace de ce bon moment passé ensemble m'émeut toujours. Mais je n'en finis pas de penser que je ne l'ai pas assez fait sur d'autres sujets. Que je ne l'ai pas assez sollicité pour qu'il raconte des moments de sa vie restés, encore aujourd'hui pour moi, des secrets. J'ai quand même gardé précieusement ce petit carnet trouvé dans une revue pour enfants, datant des premières années de ma fille, dans lequel il avait rempli avec elle un questionnaire. Noms et prénoms des ascendants, loisirs pratiqués, souvenirs partagés... Les réponses écrites de sa main, de son écriture de malvoyant, me bouleversent à chaque fois. Je me rappelle très bien leur complicité ce jour-là et du regard complètement admiratif de ma fille qui prenait conscience que son grand-père avait été un fils, un jeune homme, bref n'avait pas toujours été vieux. Quel bonheur d'avoir, pour toujours, cette preuve de bonheur partagé entre générations !

Je me rends compte aujourd'hui à quel point c'était une expérience bien timide ! Quand je vois tout ce que les réseaux sociaux permettent de faire en tant que partage des moments de vie, je me dis qu'ils peuvent parfois créer du lien. Avec eux, la mémoire intergénérationnelle prend une tout autre dimension.

Par exemple, le compte Mel et Fernande. Il totalise 600 000 abonnés sur TikTok! Autant sur Instagram. Ce qu'elles y montrent est à la fois simple et totalement incroyable. Car Fernande a cent ans et son arrière-petite-fille Mélissa, 21. Elles se filment en vacances, au restaurant ou, seulement, en train de discuter. Et confortablement installée dans un fauteuil de gamer avec son casque sur les oreilles, la vieille dame s'est mise au goût du jour pour rentrer dans le jeu que lui propose la jeune femme. Leur duo tendre et, il faut bien le reconnaître, souvent très émouvant, entraîne des milliers de followers dans leur tentative de retrouver ce qu'il y a de commun dans le vécu de la jeune Mel et de son aïeule à près de quatre-vingts ans d'écart. Et ça marche ! Elles ont établi une véritable complicité qui fait plaisir à voir.

Si cette expérience suscite autant d'engouement dans toutes les générations c'est, peut-être, parce qu'elle renvoie les jeunes vers l'espoir d'une vieillesse joyeuse et les vieux vers l'idée que leur vie n'était pas dénuée d'intérêt. Qu'il en reste finalement quelque chose.

Avec l'âge, c'est vrai, je me pose la question de ce que je vais laisser. Comme si j'avais besoin de croire que tout ce que j'ai bâti au cours de ma vie ne va pas disparaître avec moi. C'est sûrement pour ça que j'écris ce livre et que j'ai réalisé un podcast. Mais tout le monde n'a pas cette possibilité. Et notamment les personnes qui n'ont autour d'eux ni famille ni beaucoup d'amis. Et justement parce que les familles ne sont plus aussi omniprésentes qu'avant, que nos modes de vie sont beaucoup plus individualisés, l'expérience des anciens est moins valorisée.

Mon amie Marie-Christine, celle qui dirige une résidence senior dans le Gers, essaie justement de faire vivre au quotidien cette idée d'une communauté « de cœur » , où chacun peut trouver sa place, quelle que soit son expérience de vie… Elle a, par exemple, ouvert l'établissement à Milou, un vieil habitant du village. Il n'y vient que pour le déjeuner et les activités qui l'intéressent. Il a trouvé là une sorte de famille bienveillante et active. Il a même été convié au repas de la fête des Pères alors qu'il n'a pas d'enfants et a eu droit au cadeau prévu pour chacun de ces messieurs. Mais le souci d'inclusion ne s'arrête pas là, dans ce petit village, on l'a vu, Marie-Christine ouvre les activités à ceux qui ne sont pas résidents, quel que soit leur âge. Gymnastique, carnaval, fêtes en tout genre, toutes les occasions sont bonnes pour faire participer la population.

« J'aimerais avoir plus de bénévoles, mais j'en ai qui sont fidèles. J'en ai six qui s'investissent sur des petites actions. Par exemple au printemps dernier, nous avons organisé un vide-greniers, deux habitants sont venus tenir le stand

de la résidence. Je crois qu'ils retrouvent une grand-mère, une mère qu'ils n'ont plus. Par exemple, Françoise, une habitante, s'est prise d'affection pour une résidente, Carmen, parce qu'elle lui fait penser à sa grand-mère ! J'aimerais mener un projet pédagogique avec l'école qui est juste en face. Les enfants du primaire auraient un grand-père ou une grand-mère de cœur dans la résidence et viendraient régulièrement déjeuner avec lui ou elle. Ça existe à quelques kilomètres d'ici dans un autre village et c'est formidable. »

L'expérience est en train de se répandre. Cinq régions l'ont déjà mise en place avec l'association Ce qui compte vraiment. Le principe est simple : les pensionnaires de 26 Ehpad rencontrent des lycéens chaque semaine. Au fil des échanges, chaque jeune participant au projet recueille l'histoire, les souvenirs, les anecdotes de la personne âgée, pour écrire, à l'issue de ces rendez-vous, son « livre de vie ».

À l'initiative de ce projet, Anne-Dauphine Julliand dont les deux petites filles étaient atteintes d'une maladie neurodégénérative. Elle publie d'abord un livre[52] qui raconte la vie et la maladie de Thaïs, son aînée. Ce témoignage bouleversant a remporté un tel succès que les échanges qu'il a occasionnés l'ont persuadée que le partage d'expériences est une richesse. Elle a donc créé l'association Ce Qui Compte Vraiment pour sauvegarder la mémoire et favoriser les liens intergénérationnels. Le projet en Ehpad s'inscrit dans ce sens.

---

52. *Deux petits pas sur le sable mouillé*, Les Arènes 2011.

Il faut donc voir ces relations comme un échange d'expérience et l'on se rend compte alors qu'il ne doit pas seulement être cantonné au recueil de mémoire des anciens. Il peut être un partage de vécus et concerner tout le monde. C'est ce qui motive Laurence Petit. En plus de son poste de directrice de médiathèque, elle est devenue biographe. Un métier, né à l'hôpital de Chartres il y a une vingtaine d'années, qui a été reconnu en mai dernier par l'Assemblée nationale lors du vote en faveur du « droit à l'aide à mourir ». Leur fonction est de recueillir les mémoires des personnes malades ou en fin de vie. Mais Laurence a décidé de se spécialiser dans les histoires de parentalité.

Adoption, deuil, PMA, elle souhaite recueillir des histoires de famille et accompagner ceux qui les vivent. Pour elle, ce n'est pas un métier même si le recours à ses services a un prix : 190 euros pour une heure d'entretien, ce qui équivaut à six heures de travail au total avec la réécriture. Et l'activité de biographe requiert un sacré savoir-faire qui fait l'objet d'une formation. Sa mission est de retranscrire l'histoire au plus près pour que la personne qui témoigne puisse l'offrir, en quelque sorte, aux autres membres de la famille. Cela demande d'instaurer un vrai rapport de confiance.

Ni psy ni écrivain, la marge de manœuvre est ténue : « *Quand j'ai fait ma biographie de formation, la personne m'a raconté un événement très douloureux qui était la perte d'un enfant in utero et où en fait quand je lui ai donné la retranscription elle m'a dit, ah non mais là ça va pas du tout, il y a aucune vibration. Je ressens pas ce que j'ai vécu... Alors j'ai réfléchi, j'ai cogité... j'ai repris mes notes, j'ai repris mes cours, et, en fait, à un moment je me suis dit ça y est, je sais pourquoi ! Ce qui s'est passé c'est que, pour cette personne, ce souvenir était tellement douloureux pour elle qu'en fait elle me l'a raconté de façon absolument factuelle et sans émotion. Elle était incapable de me le raconter autrement parce que c'était trop compliqué pour elle d'y mettre de l'affect. Je lui ai expliqué ce que j'avais compris et je lui ai dit est-ce que tu m'autorises à mettre l'émotion, moi ? C'est ce que j'ai fait et elle m'a dit ah ben là ça change tout ! On est censé retranscrire, être fidèle à la parole recueillie, etc., mais parfois, et là c'était d'autant plus vrai que je débutais, il faut ajouter des petites choses... Moi je m'attache beaucoup à ce qui transparaît de la personne en termes d'émotion, de mimiques... parfois le langage corporel aide aussi à retranscrire les paroles brutes... Et oui, c'est vrai je n'avais pas pensé à ça mais peut-être des fois ça permet de donner plus d'existence à des choses vécues. Certaines personnes m'ont dit, ça, je ne l'avais jamais raconté à personne. »*

Ce travail de recueil de mémoire n'est pas donné à tout le monde. Je ne prône pas ici votre reconversion en biographe ni en bénévole dans les services de soins palliatifs ! Loin de moi cette idée. C'est juste qu'à l'âge de la retraite, on peut profiter de son temps retrouvé pour servir de « passeur » en quelque sorte. Notre expérience et notre vécu peuvent peut-être aider quelqu'un. Et il peut être intéressant aussi de se « livrer » à quelqu'un.

Bien sûr, pour ça, il y a les psys, mais là, en l'occurrence, il s'agit davantage de témoigner, de partager une expérience dans le seul but qu'elle puisse être utile et éclairer quelqu'un d'autre. Laurence, la biographe, le dit elle-même :

« *Recueillir le récit de vie de quelqu'un c'est lui permettre de ne pas rester cantonné à son statut de vieux, de malade ou de mourant mais au contraire de rester acteur de sa vie.* »

Et qui ne se reconnaitraît pas dans ce projet. Il vaut pour tous les âges de la vie. L'âge nous donne un sentiment d'urgence à rendre nos vies plus intenses, mais le désir d'en faire une belle histoire commence dès l'enfance...

ÉPILOGUE

« J'suis vieille
J'ai les seins qui sont pus pareils
Y vont bientôt toucher la terre pourquoi faire
Pourtant j'ai pas vraiment vu passer l'temps
J'ai pas usé toutes mes affaires enfin j'espère
J'vieillis j'me rapproche du paradis
Tous les jours petit à petit. »

Diane Dufresne

Moi non plus, je n'ai pas vu le temps passer ! Alors, pour une fois, je me suis arrêtée, pour le regarder passer justement. Et quelle aventure passionnante de découvrir tout ce qu'il m'apporte ! La sérénité d'abord, et comme une envie de commencer autre chose. Bien sûr, il y a des jours où j'ai cent ans. Je le ressens dans mes jambes, sur mes épaules et je le vois sur mon visage. Mais les autres matins, et ils sont plus nombreux, j'ai le cœur léger de celle qui a la liberté de s'organiser comme elle l'entend. Et une nouvelle énergie me pousse à agir.

En écrivant ce livre j'ai compris que je n'étais pas la seule à ressentir ce regain d'action. Les consciences se réveillent. Les vieux comprennent de plus en plus leur importance et l'urgence de la revendiquer. Un mouvement s'est même créé : le CNAV, Conseil national autoproclamé de la vieillesse, appellation en pied de nez à l'organisme chargé de nos pensions de retraite, la CNAV ! Ce mouvement citoyen créé en 2022 regrouperait quelque 4 000 adhérents. Accueilli par Ariane Mnouchkine, il a organisé sa première AG au théâtre du Soleil. Son but est d'affirmer l'identité « vieille » et la volonté de s'autodéterminer des personnes « vieilles ». Pour ces membres, il est possible, je cite, « d'impulser dans la société et la vie publique un autre regard sur la vieillesse : inclusif, égalitaire, fraternel et respectueux de la liberté et de l'identité de chacun ». Volontiers provocateur, le CNAV a même créé sa propre chaîne YouTube animée par Laure Adler, Télévioc. Le ton est donné !

Une chaîne YouTube est également consacrée aux femmes de plus de cinquante ans, comme je l'ai écrit précédemment. Mesdames média. Fondée et animée par la journaliste Maïtena Biraben elle diffuse sur les réseaux sociaux des interviews et des expériences qui regonflent avec entrain l'ego des sexagénaires que nous sommes devenues...

Et les hommes comme les femmes qui prennent de l'âge ont désormais un média qui leur est consacré, *Vieux*[53], comme son nom l'indique. Pourtant Antoine de Caunes qui a pris la tête de ce trimestriel s'en défend. Le journaliste et animateur télé de soixante-dix ans explique dans un article de *Libération*[54] que *« ce journal ne s'adresse pas seulement aux seniors. Il s'agit de faire un pas de côté, à une époque où l'on célèbre le jeunisme, la vitalité, l'immédiateté »*.

« Si nous nous lançons, c'est parce que l'âge est un impensé, un déni français », affirme dans un communiqué Romain Jubert, qui en est à l'initiative et en a pris la direction éditoriale. Cette définition de l'âgisme peut mettre tout le monde d'accord, vieilles et vieux. Ces nouveaux médias sont la preuve que les volontés d'agir pour que

53. Magazine de société, dont le premier numéro (7,90 euros) est tiré à 100 000 exemplaires, édité par CMI France.
54. Publié le 28 mai 2024.

l'âge ne soit plus considéré comme un handicap ne manquent pas. Ils marquent une époque où le désir d'inclusion est fort. Et nous, qui constituons la classe d'âge des fameux boomers sommes bien placés pour savoir que tout n'a pas toujours été fait en matière d'inclusion. Pour les femmes notamment. Mais peut-être tenons-nous notre revanche ? Car les vieilles seront de plus en plus nombreuses.

D'après l'Inserm[55], *« dans la plupart des pays, l'espérance de vie des femmes est plus longue que celle des hommes. Les chiffres de 2019, avant la pandémie de Covid-19, suggèrent que, dans les pays les plus développés, les femmes vivent en moyenne 5 à 7 années de plus que les hommes. Cette différence est moins marquée dans les pays à faibles revenus, mais elle existe tout de même. »*

Sachant que le nombre de personnes âgées de soixante-cinq ans ou plus dans le monde devrait presque doubler pour dépasser celle des moins de quinze ans en 2064[56] ! L'avenir est donc aux vieilles ! Et notre rôle sera déterminant.

D'abord au sein de nos propres familles quand nous en avons. Et être grand-mère aujourd'hui, ce n'est pas rien. Car des changements sont intervenus dans la relation entre grand-mères et petits-enfants durant les dernières décennies. Les mères sont plus investies dans leur vie professionnelle et ont donc davantage besoin de coups de main de la part des grands-parents, quand ils le peuvent. Mais dans le même temps, les grand-mères,

55. Article publié le 14 octobre 2024.
56. OMS-institut Our World in Data, 11 octobre 2023.

elles aussi, ont une vie sociale plus importante. Elles sont donc moins corvéables à merci et choisissent quel type de grand-mère elles veulent être.

Au sein de la société aussi notre rôle sera de plus en plus marqué. Déjà très investies dans le milieu du soin, nous sommes, aussi, très actives dans le monde associatif ou culturel. Nous formons des bataillons de bénévoles qui font tourner la grande machine de la solidarité et de l'entraide. Peut-être parce que nous avons subi les injustices liées à notre genre, nous sommes plus à même de comprendre et d'œuvrer pour rattraper les injustices cumulées de l'âge !

Alors, quitte à tenir un rôle important, prenons la parole, faisons-nous remarquer et entendre. Prenons notre place dans l'élaboration des politiques qui concernent la prise en compte des personnes âgées ! Parce qu'on l'a vu, les désavantages systémiques se renforcent tout au long de la vie des gens, entraînant des disparités béantes aux âges avancés.

Et ne nous y trompons pas, le chemin sera long. Mais l'enjeu est passionnant : trouver notre place, rester actrice et montrer que nous sommes bien vivantes. Car promouvoir un vieillissement actif et ouvert aux autres, c'est œuvrer pour les échanges entre les générations. Et pour l'accomplissement de tous.

BIBLIOGRAPHIE

Philippe Abastado, *Petit traité du vieillissement heureux : Oui, la vie commence à 70 ans,* Albin Michel, 2023.

Marie Charrel, *Croire aux forces de l'esprit,* Fayard, 2016.

Mona Chollet, *Sorcières. La puissance invaincue des femmes,* La Découverte, 2018.

Sophie Fontanel, *L'Envie,* Robert Laffont, 2011.

Marie de Hennezel, *Sex and Sixty,* Robert Laffont/Versilio 2022, devenu *L'Âge, le désir et l'amour,* Pocket, 2016. *Qui a peur des vieilles ?,* Les Pérégrines, 2021. *L'Aventure de vieillir - Et si avancer dans l'âge était un voyage ?,* Robert Laffont/Versilio 2022.

Marie de Hennezel et Philippe Gutton, *Et si vieillir libérait la tendresse,* In Press, 2019.

Jean-François Lambert, *La seniorescence - Quel sens pour cette nouvelle période de vie ?* Jacques André, 2006.

Titiou Lecoq, *Le couple et l'argent,* Iconoclaste, 2022.

Estelle Lefébure, *Welcome, accueillir le temps qui passe,* Flammarion, 2025.

Charlotte Montpezat, *Les flamboyantes,* Équateurs, 2023.

Juliette Rennes, *Le mérite et la nature. Une controverse républicaine : l'accès des femmes aux professions de prestige 1880-1940,* Fayard, 2007.

Fiona Schmidt, *Vieille peau - Les femmes, leur corps, leur âge,* Belfond, 2023.

Les podcasts

Inpower par Louise Aubry, à retrouver, entre autres, sur Apple podcasts, YouTube, Deezer ou RadioFrance.

Même pas mort ! par Les Petits Frères des Pauvres. À retrouver sur www.petitsfreresdespauvres.fr, Apple podcasts ou Deezer.

Vieilles ! par Agnès Molinier, à retrouver sur www.slate.fr ou Applepodcasts.

REMERCIEMENTS

Merci à celles sans qui je n'aurais pas écrit ce livre. Ma fille, au quotidien, en la voyant tracer avec courage et persévérance son beau chemin de femme. Ma mère dont l'absence se fait ressentir un peu plus chaque jour de cet automne de ma vie.

Merci aussi à toutes les amies qui ont participé à cet ouvrage. Isabelle, les deux Catherine, Cécile, Marie-Christine, Nathalie, Sabine, et toutes ces femmes magnifiques que je ne connaissais pas et que mon enquête a mises sur mon chemin... Elles témoignent que l'on peut trouver dans l'âge, un sentiment de libération. Elles abordent ce moment de leur vie comme des guerrières. Avec la même ardeur et détermination dont elles ont fait preuve tout au long de leur vie. Elles restent, au fond, les jeunes filles qu'elles ont toujours été. Quel que soit leur âge, leur situation sociale ou amoureuse, elles gardent cette vision d'elles-mêmes et veulent continuer à la faire exister. Certaines d'entre elles sont mes soeurs choisies. D'autres sont des rencontres qui m'ont ouvert d'autres horizons. Toutes sont un espoir pour le monde de demain.

Merci à mon compagnon pour accepter que je révèle un peu de notre vie aux yeux du monde. Sa patience et sa tolérance sont des douceurs.

Merci à mon éditrice Anne Foubert qui m'a accompagnée avec une grande discrétion et un soutien inconditionnel.

Directrice éditoriale : Marie-Anne Jost Kotik
Responsable éditoriale : Aline Sibony
Édition : Anne Foubert
Mise en pages : Istria

Édition First, un département d'Édi8
92, avenue de France
75013 Paris – France
Tel. : 01 44 16 09 00 – Fax : 01 44 16 09 01
Email : firstinfo@efirst.com
Site Internet : www.lisez.com

ISBN : 978-2-412-10239-8
Code éditeur : S10239/01

Dépôt légal : août 2025
Imprimé en France en août 2025 par Normandie Roto Impression s.a.s. (2502850)